# 和解技術論

◇和解の基本原理◇

〔第2版〕

草野芳郎

法学の泉

# 目次

# 一　和解技術論とは

私は、昭和六一年（一九八六年）に「和解技術論」と題した小論文を判例タイムズ五八九号八頁に発表し、その九年経過後に信山社から『和解技術論（第一版）』を単行本として出版しました。第一版出版後、現在までに八年が経過しましたが、その間に民事訴訟法の改正がありましたし、最近では司法改革ということで、司法のあらゆる面で議論がなされ、多数の新立法が予定されています。裁判官の意識、裁判所の雰囲気も大きく変化しましたし、私自身の実務や考え方もその影響を受け、少なからぬ進歩、発展があったように感じました。そこで、和解技術論第一版を改訂し、現在の実務や司法の状況にすこしでもあった改訂版を出すこととしました。

私は、和解技術論ということを主張しているのですが、その理由を昭和六一年（一九八六年）発表の判例タイムズの和解技術論から引用してみることにします。

私がなぜ、「和解技術論」というものを主張しようとするのかをまず最初に述べたいと思います。

私が昭和五五年に福岡県にある小さな支部、行橋支部に赴任しました時に、事件数が多かったものですから、簡単な事件は調停に回して調停委員の力を活用しようと思ったことがありました。

そこで、いくつかの事件を回してみたことがあるのですが、ほとんどが二、三回調停期日を開いただけですぐに不成立で戻ってきました。ところが、自分が和解をやってみましたら簡単に成立するものですから、調停委員を呼んでなぜ不成立になったのかを聞きましたら、驚いたことに、調停委員は、「どのように調停を進め、どのように当事者を説得したらよいのか誰も教えてくれないしわからない」と言うのです。

それまで私は、和解の技術というものは自分の努力によってつかむものであって人から教えてもらうものではないと思っていたのですが、調停委員のこの話を聞き、調停委員に何も教えなかったことの方が問題ではなかったのかと反省しまして、調停委員に対し、「調停における説得の技術と案の出し方」と題した研修会をしたことがありました。

その時に自分のこれまでの和解のやり方で良かったと思われるものを抽出して類型化しようとしてみたのですが、それをやっているうちに他の裁判官の方もそれぞれに工夫され、優れた和解技術を持っておられるのにそれが個人の技術として埋没されてしまっている、このことは裁判所のみならず司法全体にとって大変な損失ではないかと思うようになったわけです。

このような和解の技術が裁判所の共通の資産となる方法はないのかと考えているうちに、私が和解でこのようなことをやっているということを裁判所の中で話題にすれば、他の裁判官も自分はこのようにやっていると言うのではなかろうか、まさに、こういう技術というものは、私が人に伝えるというものではなく、人からも学ぶもの、ギブ・アンド・テイクでなければならないと思うわけですが、その第一段階としては、私から他の人へのギブがなければならないと思ったわけです。

ただ現実に発生する事件は千差万別で個性があり、これこれの事件でこれこれの方法で和解をしたと説明することはそれだけで何分もかかるわけでありまして、人と簡単に議論するということはできないわけです。そこで私の考えた和解の技術を類型化してみまして「○○型」と名をつけたのですが、これが他の人と共通の言語になることができるならば、裁判所の中でも簡単に共通の話題とすることが可能となり、和解の技術が裁判所の共通の資産となるのではないかとの願いをこめまして「和解技術論」と題したわけです。

今、読み返してみますと気負いばかりが先に立って言葉足らずかなと感じるのですが、なぜ「和解技術論」と題するのかということを、今の私が今の言葉で表現しようとしても、その当時の情熱を再現できないので、あえてこの点については、当時の文章をそのまま引用させてもらいました。

私が類型化して名前を付けた「○○型」というものが裁判所の共通の言語となるようなことまではなく、その意味では成功したとはいえませんが、紛争の解決手段として和解が重要であるという認識は裁判所の中で年ごとに強まり、各裁判官がどうしたら和解の試みがうまくいくか、その方法はどうしたらよいかを考えるようになり、和解技術についての関心が高まったことは疑いありません。

これは、時代の発展から来るもので、私が主張したことと因果関係はありませんが、和解技術についての議論も意義があるのだという時代になったことは、率直に言って、うれしいと思います。

和解だけでなく民事訴訟の審理の充実についていろいろな意見が出され、それも現実に実行可能な方策を目指して議論がされるようになっています。実学的思考が盛んになり、理論的な分類よりも「○○型」という現実的な名前付けをした分類がされるようになっており、和解技術論という考え方も目指す方向が時代に合っていたのだなと思ったりします。

和解技術論という言葉自体に深い意味はなく、和解技術についての議論とか和解についての技術論という程度の漠然としたイメージを意味するにすぎません。また、和解をされる裁判官全部がそれぞれに和解の技術について意見を持っているでしょうから、各裁判官それぞれにそれぞれの和解技術論があるわけでして、この言葉は、私だけの専売特許というものではありません。

また、和解手続に職務として関与するのは裁判官に限られるのではなく、訴訟代理人として弁護士も関与します。この訴訟代理人として関与する弁護士の存在も大変重要なものがあります。弁護士の立場からも和解技術については関心があり、各弁護士それぞれに和解技術論があると思います。ですから、他の裁判官や弁護士などからもどんどん和解技術論がされていき、和解技術が裁判所全体の共通の資産に、引いては弁護士をも含めた司法全体の共通の資産になることができたらと思われてなりません。

以下、私が述べる和解技術論は、あくまでも客観化されたものではなく、私の個性と独断とが色濃くなった草野流和解技術論とでもいうべき未熟なものですが、これでも他の人にとって、何らかの叩き台の役になるのではないかと思っているものです。

昭和六一年（一九八六年）に発表した判例タイムズ五八九号のものや平成七年（一九九五年）の第一版のものとは、内容や表現において異なるところもありますが、和解技術論とは本来固定したものではなく、現実の事件においての当事者本人、代理人との対話や同僚の裁判官らとの意見交流に応じて発展していくべきものですから、これは和解技術論が生きていることのあかしでもあります。

なお、法的に正確にいえば、和解には裁判上の和解と裁判外の和解とがあり、裁判上の和解は、起訴前の和解と起訴後の和解とに分かれるということになりますが、本書は法律論を目的とするものではなく、訴訟を担当する裁判官の立場からの和解をする上での技術論を目的としますので、断らない限り以下の記述は現実に審理を担当する裁判官が起訴後の和解を試みるケースが当然の前提になっています。

## 二　紛争の解決手段としての和解

和解技術論とは、和解技術についての議論ということですが、抽象的な議論をするものではなく、よりよい和解技術を目指すための合目的的な議論をするものですから、技術論をする前に、和解というものの特色、長所、短所等をよくよく押さえておく必要があります。これを押さえておかないと合目的的な技術論をすることができないばかりか、実際の和解手続においても、裁判官が当事者を現実に説得しようとする場合に効果が半減するのです。

なぜなら、裁判官というものは、国民に判決や和解という法的サービスを提供するのが仕事なのですが、商品を顧客に売るセールスマンがその商品について十分な知識経験を持たないと商売ができないのと同様な関係にあるからです。ですから、この章では、和解について基礎的なことや技術論をするうえでの参考となるようなことについて述べてみたいと思います。

### (1)　判決と対比した和解の特色

民事裁判手続における紛争の処理手段としては、和解のほかに判決があります。ここでは、判決との対比で和解の特色について考えてみることにします。

判決の特色は、一口に言うと三段論法というところにあります。法規を大前提、過去の事実を小前提として結論を出すのです。

判決が目指すものは、法の実現、すなわち正義であり、当事者の同意や出席がなくてもその手続を強制的に完結できるところに特色があります。民事訴訟法のほとんどの条文は判決手続に当てられているわけですが、これだけの条文を必要とするほど判決に至るには苦しくて長い道程があるわけです。
これに対して、和解というのは、当事者の合意により妥当な解決を図るというところに特色があります。この妥当なという意味が問題となりますが、私は民事調停法一条に定める「条理にかない実情に即した解決」と同義だと思っています。

和解が目指すものは、条理にかない実情に即した解決ですが、その内容を担保するものは正義ではなく当事者の合意です。民事訴訟法の中には和解についての最も重要な条文はわずかに二つです。一つは、裁判所は訴訟のいかなる段階でも和解を試みることができるとする八九条で、他は、成立した和解が調書に記載されれば確定判決と同一の効力を有するとする二六七条です。当事者の合意さえあれば判決のような苦しくて長い道程を経なくても紛争の処理ができるのです。

理論的には、紛争を処理することは紛争を解決することと同義であるといえるかもしれませんが、当事者間の紛争が実質的に解決するかどうかという視点で考えますと、そう単純にはいきません。後で述べますように和解の長所、短所などを判決と比べて、実質的にみて紛争が解決する方向を選択する必要があります。

## (2) 判決派と和解派

このように民事事件を処理するに当たり、判決と和解という二つの手段が裁判官にはあるわけですが、この二つの手段のどちらを重視するかによって、判決を重視する裁判官と和解を重視する裁判官とに大きく二つに分かれます。

私は、前者の裁判官を判決派、後者の裁判官を和解派と呼んでいます。もっとも、現実の裁判官の意識の上では判決、和解双方とも大事であって車の両輪のような関係にあるとする裁判官が多数であると思います。ただ、両方を重視するといっても、まず、どちらの解決を原則の手段として訴訟運営をするかによって、判決を原則とする裁判官と和解を原則とする裁判官とに分かれると思います。ですから、極めて荒っぽい表現ですが、ここでは判決派、和解派という表現で述べてみたいと思います。

判決派というのは、伝統的な裁判官でありまして、当事者間で話しがつかないからこそ原告が裁判を求めて来るわけで、裁判を求めて来た以上は判決をするのが当然であるという考え方を取ります。

これに対して、和解派というのは、民事訴訟は当事者による自治的解決が基本なのだから、まず、当事者間で和解できるようにするのが基本であって、どうしても和解ができない場合に判決をするのだという考え方を取ります。

従来は、判決派が圧倒的に優勢でして、私が任官した昭和四六年（一九七一年）当時は、先輩裁判官から「和解判事になるなかれ」という言葉が教訓として語られていました。これには、民事裁判の原則は判決にあり、和解は権道《けんどう》（手段は正しくないが、目的は正道に合っすること、目的を達成するために執る臨機応変の処置）であるという表の意味と和解をやる判事は判決ができない裁判官であるという軽蔑を込めた裏の意味があったのです。

この判決派は、私が判例タイムズの和解技術論を出した昭和六一年(一九八六年)当時でも有力でした。当時の私は、ある種の緊張をもって和解派を名乗ったのです。しかし、現在では、ほとんどの裁判官が積極的に和解を進めており、判決派の考え方は本当に極めて少数となりました(草野芳郎「訴訟上の和解についての裁判官の和解観の変遷とあるべき和解運営の模索」判例タイムズ七〇四号二八頁・一九八九年)。

和解隆盛の現在への逆転は革命的に起ったのですが、この現在の状況に立ってみますと、私自身は、以前より判決の重要性を感ずるようになっているのですが、このことは、我ながら不思議です。私は、民事訴訟の解決の基本は当事者双方の意思の合致によりなされるべきであると考えていますので、当然に和解派でありますが、現時点では、和解ができないときに判決という制度があるということが民事訴訟を支える重要な要素となっていることを肌で感じるようになりました。

私は、後でも述べますが、物事の現象を説明するのに原則、例外という考え方より、基本、応用という考え方を重視します。それで、和解が民事訴訟の基本的解決手段(基本型)で判決が応用的解決手段(応用型)になるというように考えています。

## (3)　和解の位置付け

裁判官の和解観が変化するにつれ、判決に対する和解の位置付けについての考え方にも変化が現われました。

**伝統的和解観による和解の位置付け**

伝統的和解観とは、前述した「和解判事になるなかれ」という言葉に象徴されますように、民事訴訟は「判決が原則で和解は権道である」とするもので、その根本には、裁判制度は正義を実現するものですから、判決の結論が正義に適っている場合にはそもそも和解をする必要はないというものです。ただ、判決による解決が例外的に実質的正義に反すると思われるような場合（例えば国民の法意識が時代とともに変化して実定法が現実の解決に適合しない場合や明らかに当事者の実情に反するような結論になるような場合）は実定法のとおりの判決をすると不当な結果となってしまいますが、このような場合に不当な結論を回避するための予備的なチャンネルとして和解が存在し、和解で実質的正義にかなった解決や実情に即した解決をすべきであるとするのです。このように、伝統的和解観によれば和解が妥当とされる領域は極めて狭いのですが、権道としてではありますが和解という実定法と離れた解決のチャンネルを持つことにより、判決の結論が不当な場合（判決の落ちこぼれ）を救済して、判決は正義を実現するものであるという命題を維持することができたのです。このような伝統的和解観のもとでの和解を一言で表現すれば「判決落ちこぼれ救済型」と呼ぶのがふさわしいと思います。

**積極的和解観による和解の位置付け**

現在では、和解に積極的な裁判官が圧倒的に多数であり、前述したように裁判官の意識は革命的に変化したといえる状況にあります。積極的和解観といってもその内容には種々あり明確とはいえませんが、おおむね次の三つの考え方があると思われます。

第一の考え方は、判決の結論が正義に適っているならば判決と同じか、それに準ずる内容の和解をすればよいではないか、そのほうが早く権利の実現が図れるし、正義に適うではないかというものです。この考え方は、従来の和解が双方の主張を譲り合って合意に達するという互譲を基本とする考え方に立っていたのに対し、これを重要視していない点に特色があります。従来、互譲という要素を重視して、勝訴確実な当事者に譲歩を迫ることがあり、このため、和解が当事者の権利意識を押さえているとの批判があったのですが、この型の和解は積極的に権利の実現を目指すために和解を活用しようというものです。このような和解は「判決先取り型」と呼ぶのがふさわしいと思います。

第二の考え方は、判決の結論は原告か被告の一方が全面的に勝訴し、他方が全面的に敗訴するというオール・オア・ナッシングなものが原則ですが、そのオール・オア・ナッシングな結論に違和感を

(3)　和解の位置付け

感じるようになり、それを回避するため和解により勝訴の可能性に応じた割合的に妥当な結論を合意する方がかえって正義に適うのではないかというものです。例えば、心証が五分五分の場合にどちらか一方が一〇〇パーセント勝訴するのはかえって正義に反するのではないか、五〇パーセントずつ分け合うほうが公平ではないかと考えるのです。伝統的和解観のもとでは、このような場合は審理を尽くして白黒をはっきりさせるべく努力することが先決で、仮に審理を尽くしても心証がはっきりしない場合は立証責任に従って判決をすべきであって、和解をすべきではないと考えていたケースです。このような和解は「オール・オア・ナッシング回避型」と呼ぶのがふさわしいと思います。

第三の考え方は、判決の結論ということに必ずしもとらわれず、当事者間の紛争の実体に着目し、実情に即した妥当な解決をするために判決ではできない解決をするための手段として和解が存在していることを正面に据え、和解によって判決の限界を乗り越えようとするものです。この考え方は、和解は実情に即した妥当な解決であればそれで良いとするもので、正義ということよりも当事者にとって妥当な解決であるかどうかということを重視しています。この和解は伝統的和解観のもとで予備的チャンネルとして存在した「判決落ちこぼれ救済型」の和解が陰の存在ではなく表に現れたというべきものです。このような和解は、和解を判決よりも積極的に考えるという観点から「判決乗越え型」という表現がふさわしいと思います。

判決先取型やオール・オア・ナッシング回避型は、いずれも正義に基礎を置いているのですが、判決落ちこぼれ救済型や判決乗越え型は、いずれも正義に基礎を置かず、具体的妥当性に基礎を置いています。このように和解の位置付けは、正義に基礎を置くか、具体的妥当性に基礎を置くかにより異なって来るのです。

民事訴訟の審理の関係で言えば、判決乗越え型以外は、まず、判決の見通しが立たないと和解の見通しも立たないので、できるだけ早期に判決の見通しを立てるために、早期の証拠調べを柱にした審理促進を進めることが不可欠となります。判決乗越え型はその事件に相応しい実情に即した妥当な和解を目的としますので、必ずしも早期に判決の見通しを立てる必要はなく、和解に必要な事案の把握も当事者との対話から収集すればよいので、早い段階での和解を試みることが可能になります。

以上の和解の中でもどの和解を基本型と考えるかは、裁判官によって意見の異なるところです。現実の事件は様々であり、それぞれに妥当する局面があるのですが、和解の良さや判決に対する独自性の点から考えると、判決乗越え型の和解に優るものはなく、私は、この型が基本型であると考えていますます。しかしながら、一般には、むしろ逆に理解されているようです。この理解の差が民事訴訟の審理との関係で微妙な影響を与えることになるのです。

### (3) 和解の位置付け

また、和解について消極的な評価を与える人と積極的な評価を与える人とで根本的に異なるのは、それぞれの人が和解について抱いているイメージが違うためであるということをここで認識しておく必要があります。和解技術の向上を目指すことができるかどうかには、和解についてのイメージの持ち方が大きな影響を与えているのです。

和解について消極的な人は、和解とは当事者双方が互いに譲り合うところの「互譲」による解決であるというように、和解内容について消極的で限定的なイメージ（過去志向）を抱いています。

これに対して、和解について積極的な人は、「互譲」という要素は重要視せず、当事者の「合意」によりその事件に即した最も妥当な解決案を作り出そうというように、和解内容について積極的で拡張的なイメージ（未来志向）を抱いているのです。

互譲中心のイメージによりますと、訴訟物に関する争いをとにかく当事者双方を譲歩させることにより合意に到達させようとしますので、クリエイティブな要素がなくなり、和解手続や和解案を工夫する意欲をなくさせてしまい、和解技術論の障害となります。この本を読まれる方は、是非、合意中心のイメージで和解を考えるようにしてください。

## (4)　和解の長所

実際に和解を試みるに際しては、和解の長所をよくよく自分のものにしておかなければなりません。和解という解決を当事者にすすめる以上、自分自身も和解による解決が当事者のために良い結果になると信じておかねば、当事者に対する説得力は生れて来ないからです。

和解の長所の一番目は、判決が上訴を前提とした一時的解決方法であるのに対し、和解は紛争の最終的解決方法であるということです。和解が成立すれば、それで、紛争が最終的に解決するわけですから、一時的解決方法である判決より勝ることは疑いありません。

二番目は、判決では、法律によって一刀両断に解決するために杓子定規なオール・オア・ナッシングな解決になってしまうことが多いのですが、和解であれば、条理にかなない実情に即した妥当な解決案を出すことができるということです。

例えば、判決は、当事者間の特定の事件についてだけの解決しかできないのですが、和解であれば、訴訟物となっていない別の紛争を含めたり、裁判の当事者になっていない第三者を適宜引き入れて解決することが可能です。こうすると、当事者間の紛争全部を一挙に、かつ、抜本的に解決することが可能となるのです。

また、判決は、過去の事実の存否を立証責任に従って判断することだけしかできず、過去のことだけしか解決できないのですが、和解であれば、当事者の将来の影響をも考慮した妥当な解決案を作ることが可能となります。要するに、当事者の希望に応えることのできる範囲が判決に比べ格段に広いのが、和解の特徴なのです。当事者双方の希望を最大限に活かしつつ、抜本的に紛争の解決ができた場合は、裁判官として本当にやりがいがありうれしいものです。

三番目は、判決では、履行を義務づけられても敗訴者が意地となり、自発的に履行する可能性は乏しく、かえって、自分の財産を他人名義に変えるなどして、強制執行を免れようとしたりします。

これに対して、和解であればどうかと申しますと、自分自身が裁判官に履行することを約束したことですから、自発的に履行しようとします。お金がなければ、人から借りてでも支払おうとするわけで、この差は歴然としています。当事者双方の将来についても円満に解決したということの方が良い影響を与えることは当然です。隣人間や親族間の紛争ではなおさらです。労働紛争でも解雇者の円満な職場復帰は和解でしかできません。

四番目は、判決は、一審から三審まであり、確定するには時間がかかるのですが、和解は早く解決できるということです。しかし、この点を強調することは、結果的に訴訟遅延という望ましくない状況を放置するにとどまらず、これを利用しようということにもなり、当事者によっては裁判所の姿勢に疑問を持つことにもなりかねない点があり、十分な注意が必要です。

五番目は、判決をするには、裁判官、書記官の手間が大変かかるわけですが、和解ではそれが少なくて省力化に役立つということです。事件数が急増し、解決が困難な事件が増えているという現状を見ますと、この点は見逃せない長所であるといえます。しかし、これはもっぱら裁判所側にとってのメリットであって、当事者側にとってのメリットではありませんから、あくまでも副次的なものとして考えなければなりません。

## (5) 和解の短所

以上述べた和解の長所は、本当にそのとおりだと思いますが、真の意味での当事者のための和解を目指すためには、和解の短所や判決の長所についても押えておく必要があります。

和解の短所の一番目は、当事者が合意しないとできないことです。したがって、どんなに正しく、妥当な解決案であっても当事者が応じなければ和解はできません。また、合意は裁判所の面前でなされなければなりませんから、裁判所に出頭しないと成立させることができません。もっとも、裁判所への出頭の点は、あらかじめ和解案に応じる意思を表示している当事者や、裁判所にまかせるという当事者で、遠隔地にいたり、病気等の事由で出頭の困難な場合にまで、出頭しないことだけを理由に和解を成立させないというのでは余りに不親切です。

そのために、国民に利用しやすく分かりやすい制度をモットーとする平成一〇年施行の新民事訴訟法のもとでは、和解を利用しやすくする規定として、和解条項案の書面による受諾(二六四条)、裁判所等が定める和解条項(二六五条)が新設され、この点について配慮がされました。前者は、遠隔地で出頭困難であったりするなどの事情で出頭できない当事者のために裁判所が定めた和解条項案に受諾する書面を提出すれば和解が調ったものとみなすものです。後者は、当事者の共同の申立てがあるときは、裁判所は事件の解決のために適当な和解条項を定めることができるとするものです。

この両規定は、いずれも国民に和解を利用しやすくするためのもので、大変な進歩ですが、裁判所に協力的な当事者に対してだけ効果があるものであり、裁判所に非協力的な当事者に対しては使えません。和解は非協力的な当事者に対してはやれないのです。

このような場合でも判決は可能です。判決は当事者が出頭しなくても、協力しなくても可能であるということが長所といえるでしょう。ただ、判決では杓子定規な結論しか出せませんから、和解的判決をすることが可能であれば、妥当な判決ができるのにと思ったりします。

二番目は、当事者以外の第三者には、和解に引き入れない限り、当該第三者に効力を及ぼす和解ができないことです。仮差押えや仮処分がされていたり、抵当権が付けられている物件などは、それ以後の取得者に対抗できますから、判決の場合は、当該第三者を無視すればよいのです。でも、和解であれば、当事者間の任意解決に過ぎませんから、原則としてこの効果を受けることができません。

注意しなければならないのは、民事保全法五八条二項の解釈では不動産の登記請求権を保全するための処分禁止の仮処分に後れた第三者登記を抹消するには、仮処分債権者と仮処分債務者間の勝訴判決に限らず、和解でも可能とされていることです（登記実務では和解に限らず共同申請も可能とされています。昭和三七年六月一八日民事甲一五六二号民事局長通達）。しかしながら、この場合は、形式的審査権しかない登記官は被保全権利の同一性を確認する手段を持たないことや、判決なら敗訴する場合でも和解金を支払ったり、他の問題を譲歩することにより、登記に関しては仮処分権利者の権利の実現を内容とする和解が成立することもあり、第三者の権利を害する可能性があります。この場合は、第三者の方から抹消登記回復訴訟を提起すればよいとするのが民事保全法の趣旨ですが、和解は、当事者間の当該紛争を解決するだけでなく、紛争の再発を予防するということも大事な使命ですから、実務としては、このような場合であっても、第三者を利害関係人として引き入れ、三者間で将来紛争が起きないように全面解決を目指しているのが普通です。

また、株主の代表訴訟での和解で、訴訟の当事者となっていない会社や他の株主に効力が及ぶ和解ができるかについては争いがあったところですが、平成一三年の商法改正で、裁判所が和解内容を会社に通知し、会社が異議を述べないときには和解を承認したものとみなし、総株主の同意なくして和解が成立することとし（商法二六八条六項、七項）、立法的に解決されました。

三番目は、形成訴訟では和解ができないと一般に解されていることです。執行関係訴訟は、もともとが金銭訴訟ですから、金銭の支払いを約する合意をすればよいのですが、境界確定訴訟では、すべてが所有権確認の合意でまかなうというわけにはいかないところもあり、問題の残るところです。所有権確認の趣旨で和解成立した後、境界確定訴訟の再訴があったりすると大変困ります。

人事訴訟の離婚及び離縁の訴訟でも和解による離婚については疑義があるために、実務では戸籍実務（昭和三五年一二月二八日民事甲三三六四号民事局長回答・法曹時報一三巻二号一四三頁は和解調書を添付した離婚届を不受理とした）との衝突を避けるために協議離婚や協議離縁を合意する和解を成立させることとどめています。このために、離婚届や離縁届を提出しなかった場合や和解後に不受理届が出された場合に困難な問題が起きることを防ぐことができません。もっとも、この点は、一連の司法改革の中で人事訴訟の家庭裁判所移管と併行して議論され、平成一六年四月一日から離婚及び離縁の訴えに係る訴訟においても和解により離婚及び離縁をすることができるように改正されました。ただし、和解条項案の書面による受諾（二六四条）、裁判所等が定める和解条項（二六五条）は適用されないことになっています。この点は、実情に即した適切な改正です。

四番目は、和解の場合は判決と異なって、税務署、労基署、法務局が異なる見解をもって、和解条項を尊重しないということがありうることです。例えば、不動産を五〇〇〇万円で売買し、慰謝料を五〇〇〇万円支払うという和解が成立しても、税務署は一〇〇〇〇万円全額を売買代金と認定して課税することもあります。

これは和解の短所というより、非常識な和解を成立させてはいけない、合意ができればよいといっても、和解は裁判制度の中での合意ですから、正義に反したり、著しく常識に反する合意を成立させてはいけないということを意味するものともいえます。

五番目は、和解の短所ではありませんが、登記請求訴訟のように意思表示を求める訴訟は、判決が確定したときに相手方が意思表示をしたとみなされますから（民事執行法一七三条一項）、即執行が終了します。このため、執行が困難であるという判決本来の難点が意思表示を求める訴訟ではありませんから、この場合は、判決の短所が出ません。

金融機関、保険会社や一流企業が被告の場合も、これらの企業は支払能力に難点がありませんので、執行が困難であるという判決本来の短所がありません。かえって、和解を好まず、判決を求めるという体質がありますので、被害者救済の視点が必要でなく、金銭の支払いを命ずるだけで紛争が解決するような場合は、大胆に早期判決を目指すことも必要です。

## (6) 和解に対する批判、不満

和解に対する批判や不満もよく耳にするところです。

例えば、裁判官が脅迫的に和解を押しつけてくるとか、足して二で割るような解決案しか示していないとか、事件を落とすことだけに目を奪われているとか、勝訴する人に譲歩させるのは国民の権利意識を抑え、あいまいにしているとか、いたずらに頑張る者だけが得をしているとか、いろいろな批判や不満を耳にします。

このような批判や不満には、もちろん傾聴すべきものを含んでいるのですが、それは和解のやり方や中身について向けられたものであって、和解の重要性を否定するものではないと考えます。

私に言わせますと、和解の中には当事者が納得する良い和解と当事者に不満が残る悪い和解とがあるのですが、前記の批判はこの悪い和解に向けられたものだと思うのです。和解はできればよいのではなく、当事者双方から喜んで貰える良い和解を目指さなければなりません。この良い和解を目指そうとする裁判官に対する温かい激励が前記の批判なのだと考えて実際の和解をやらなければならないのです。

そう考えますと、脅迫と受け取られるような和解を試みてはなりませんし、当事者の主体性を尊重した和解運営になるようにしなければなりません。その為には、私は、次のような点を最低限配慮することが必要になると思っています。

足して二で割るような和解案は、最終の局面で他に案がないという極限的状況に限定して提案することにし、それ以前の段階では出してはいけません。この段階ではもっとクリエイティブな案を目指さなければなりません。

迅速な事件処理を目指すことは当然ですが、無理な事件の落とし方はしてはなりません。少しでも良い解決を目指す心の余裕を持つ必要があります。

和解成立に向けて当事者に譲歩を迫る局面が生ずることは避けられませんが、一方的に押さえつけられるとか、相手方がゴネ得をしているというような不公平感を生じさせることのないように配慮する必要があります。まずは、当事者双方に良識ある妥協を受け入れることが本事件の解決には最善であるという気持ちになってもらえるように努力することです。

那須弘平弁護士の謙抑的和解論に一言したいと思います。那須弁護士は、訴訟上の和解は、判決手続の副次的かつ補完的地位に留まるべきであるとして、大要、次のように主張されます（那須弘平「謙抑的和解論」木川古稀『民事裁判の充実と促進（上）』七一二頁・一九九四年）。

訴訟上の和解は、訴訟手続という限られた空間の枠の中での解決であるだけでなく、裁判官及び弁護士の説得の結果得られるものであり、強制的要素が絡んでおり、法廷外の自主交渉とは本質的に異なるものである。従って、法規範とは異なる和解規範の妥当性や当事者の自主性を根拠に和解が判決より優れていると考えることには疑問がある。当事者の満足度もそれほどではなく、心ならずも不満足な和解に応じてしまうことも少なくない。実務家は和解を必要以上にもてはやすことを慎み、判決手続が訴訟制度の原点であることを日々心の中で反芻する謙抑的な姿勢を保つことによって、実務慣行の改善・工夫を通じて判決手続を切れ味良く、かつ利用しやすいものに仕立て上げていく途に繋がるのである。

那須弁護士だけでなく、他の多数の弁護士や当事者本人が不満足な和解や和解を押し付けようとする裁判官の姿勢に疑問を感じたことは事実であると思います。また、私自身も、満足できる和解ばかりでなく、後味の悪い和解を経験したことがあることも率直に認めざるをえません。それに、現在では、私自身も和解ができないときに判決があるということが民事訴訟を支える重要な要素となっていることを以前より強く感じています。

その意味で、和解を必要以上にもてはやすべきでないということには賛同できるのですが、だからといって、謙抑的になる必要はないと考えています。なぜなら、謙抑的和解論を支持する立場の人も、和解が成立して良かったと思った事件があったり、和解を熱心に勧める裁判官の姿勢に共感した事件も多数あったと思います。私は、和解に謙抑的になってしまうと良い和解への意欲を失わせ、かえって国民の期待に反することになることを憂えるものです。謙抑的にならずに、積極的に当事者双方が満足する良い和解を目指して努力すべきであり、その方向への努力が和解技術論であると信ずるものです。

### (7)　技術論とは

ここで、技術論とは何かということを考えてみましょう。私は、技術論と対比するものとして精神論というのがあるように思っています。和解に限らず、すべてのことに、よく心、技、体ということが言われます。私は、心が「精神」、技が「技術」、体が「健康な身体」になると思うのです。健康な身体は何よりも大事なものですが、余りにも当然なので、心と技について考えることにします。心を議論するのが精神論、技を議論するのが技術論です。

和解においては、心、技どちらも大事で、どちらが欠けても満足のいく結果を引き出すことはできないものです。ですから、技術だけを追及してもうまくいく筈はありません。私自身は元来精神主義者で、「精神」とか「根性」という用語が好きで、「精神一統何事かならざらん」という言葉が好きでした。

私が考えている和解のやり方というものは、単なる技術というものではなく、私自身の価値観の現われであると考えていました。当初は「和解方法論」と自分のやり方に名前をつけていたのはその気持ちがあったのだと思います。

しかし、いつのころからか、精神論といっても技術論といっても、あるべき和解のやり方を違う方向から見ているだけで、あるべき和解のやり方に差が有るものではないと気付いたのです。精神論で和解を何とか成立させたいと思ってみましても、実際の和解技術が未熟でありますと、できる和解もできない結果に終わるという現実に遭遇します。そういう経験をしますと、和解技術の向上を求める気持ちがどうしても湧き出てきます。

これに対して、いくら和解の技術を学んでも、その中に精神的な自分の気持ちが込もらないと相手の心を動かすことはできないのです。ここが技術の限界で、技術を真に活かすためにはどうしても自分の精神的な面を高める必要があるのです。

### (7) 技術論とは

ということは、どちらのアプローチから入っても行き着くところは同一のものとなるのです。そうであるならば、精神的な面を論争するということは、いくら議論をしてもそれぞれの人間の価値観の論争に終わってしまい、いつまでやっても目標に辿りつけない危険があります。これに対して、技術の面での議論から出発する方が最初から目標が見えていますので、やりやすいのではないかと考えたのです。これが私が精神論より技術論の方を前面に押し出している理由なのです。また、内容を読むとお分かりになりますが、技術論としてあげているものの中のかなりのものが実は精神論であることの理由も、ここにあるのです。

## (8)　基本型と応用型

和解の技術には、いろいろなものがあると思うのですが、私は、これらの技術は、すべての基本となる型（基本型）と応用となる型（応用型）の二種に分かれると考えています。

なぜこのようなことを考えるのかと言いますと、一口に技術と言っても現実にはいろいろな技術があるわけで、中には一見相反するように見えるものもあります。例えば、「当事者に親切にする」というやり方もありますし、逆に、「当事者を突き放した方がよい」というやり方もあります。

このことは、格言やことわざの中に一見矛盾するものが存在しているということによく似ているように思います。例えば、「渡る世間に鬼はいない」という格言がありますが、逆に「人を見たら泥棒と思え」という格言もあります。

では、この二つの格言は、どちらかが正しくて、どちらかが誤りなのでしょうか。私は、どちらの格言も正しいのだが、それぞれの適応範囲が違うのだというように思っています。どちらかの一方が基本で、他方が応用の関係となっていると考えるのです。

私は適応範囲の広い方を基本型、狭い方を応用型と名付けています。前述の格言の例で言えば、人には親切にしてあげることが基本型で、この気持ちでまず当事者に接するのですが、例外的には、そうでない方も確かにおられますから、そういう例外的ケースの場合には、「人を見たら泥棒と思え」という応用型で、当事者に接するということになるのです。

私は、どんなケースの場合でも適応範囲の広い基本型から入らなければならないと考えています。基本型を使ってうまくいかなかった場合に初めて応用型を使うことが可能となるのです。基本型には、特効薬的効果はありませんが、適応範囲が広く、副作用の心配はないのです。これと比べて、応用型は、適応範囲が狭く、限られたケースには特効薬的効果を発揮しますが、逆に副作用も大きいのです。

## (8) 基本型と応用型

基本型と応用型とに分類することによる利点は二つあると思います。

第一の利点は、多種多様な和解技術を分類するのに有用だということです。基本型として分類された型は、いずれも汎用性があるもので、裁判官の個性により差が出ることが少ないため、最初に和解を担当する裁判官にとって、非常に役に立つ標準的なやり方として位置づけることができるといます。一方、応用型として分類された型は、千変万化する現実の実務の局面で、常に発想法の転換ができるように、それぞれの裁判官の工夫を集積した参考例として位置づけることができると思うのです。

第二の利点は、個別の具体的事件での和解の試みに当たっても、その事件で方針を立てるときの指針となるということです。和解に入った当初は、裁判官の方もよく事情が分からないために手探り状態で出発することとなるのですが、このときにこの種の事件での基本型は何か、応用型は何かを何度も考えてフィードバックすることは、その事件での適切なやり方を発見するのに大変効果があるのです。

このように、和解の技術を基本型と応用型とに分類することにより、一見矛盾するように見える技術も実際の個別の事件のそれぞれのケースで考えますと矛盾するようなことはなく、基本型と応用型とが相助けあって、あるべき和解のやり方に到達することができるというように考えています。

それから、基本型と応用型とは本来固定されたものではなく、応用型の次に基本型に戻るという場合は、この場合の基本型は実質的には応用型といえます。また、応用型といっても基本型に近い一般的なものから、極めて限定された局面だけにしか使えない高級な型まで、多種多様です。ですから、本書で上げている区別はあくまでも相対的なものです。ただ、私は、基本と応用という発想が非常に役に立つと考え、この考え方を本書の基本に据えているのです。

# 三　和解運営の方法

## (1) 和解を試みる時期

民事訴訟法八九条は、「裁判所は訴訟がいかなる程度にあるかを問わず、和解を試み、又は受命裁判官若しくは受託裁判官に和解を試みさせることができる」と規定しています。ですから、条文の上では裁判官は和解の試み（旧法下の表現では和解勧試と呼ばれていました）をいつやってもいいことになっているのですが、現実問題としては、どの時期にやるのが妥当か、効果があるのかということで意見が分かれてきます。

通常の事件は、訴えの提起、訴状の陳述、争点整理、証拠調べ、弁論終結、判決という段階を踏んで進行していくのですが、学者の中には、和解は原則として争点整理後か証拠調べ終了後になされるべきだという見解があります（石川明「西ドイツ民訴法二七九条と訴訟上の和解」判例タイムズ四九四号四四頁・一九八三年）。裁判官の中でもこういう見解が多数ではないかと思われます。

しかし、私の経験によれば、訴訟のいかなる段階でも和解を試みるチャンスはあるわけで、まさに条文どおりであるというのが私の実感です。ただ、私は、訴状陳述より前の段階では原則としてしません。なぜ私が訴状陳述よりも前の段階で和解の試みをしないかということは、弁論のやり方や第一回口頭弁論期日のとらえ方に起因することによるものです。

第一回口頭弁論期日のとらえ方については、理念的にみて二つの考え方があります。一つは、第一回口頭弁論期日から実質的審理を行おうとするもので、他は、第一回口頭弁論期日は事件の振分けに使おうとするものです。

前者の考え方に立ちますと、第一回口頭弁論期日までに訴状、答弁書、準備書面の交換をして争点を整理することが不可欠となり、このため、この考え方は書面先行型と呼ばれたりもしています。この考え方でやれば、第一回以前の書面の交換段階で双方の和解意思が確認され、和解期日を指定して和解成立に至るという局面も出てくるのではないかと思います。

後者は、第一回口頭弁論期日は実質的審理に入らなくても、事件の個性に応じてそれぞれに適したやり方に振り分けることができたら、それでよいというものですから、審理促進のためにも第一回口頭弁論期日をできるだけ速やかに指定することが必要になります。このため、この考え方は早期期日指定型と呼ばれています。

書面先行型は、西ドイツのシュトゥットガルト方式にならうものでありまして、充実した審理を行うために書面の交換を先行させるもので魅力的なものではあります。しかしながら、第一回口頭弁論期日前では、被告の対応が不明であることの方が多く、被告が欠席する可能性もかなりの確率でありますので、書面先行型を基本型として採用することは、リスクが大き過ぎるように思われます。

新民事訴訟法は、早期期日指定型を基本型に採用し、第一回口頭弁論期日については、「特別の事由がある場合」を除き、訴え提起の日から三〇日以内の日を速かに指定することが規則上要請されています(民訴規六〇条)。もっとも、新民訴規則自身も、第一回期日から実質的な審理を行うことを目標とし、期日前準備を重視した規定を置いていますから、旧民訴規則一五条二項は「やむを得ない事由がある場合を除き訴え提起の日から三〇日以内」と定めていたのを新民訴規則では「特別の事由がある場合」として要件を緩和し、充実した審理のための弾力的運用を許容していますが、極めて例外的ケースだけです。

私を含め、ほとんどの裁判官は、早期期日指定型を基本型としていますから、原告や被告に対する意向調査票により和解の意思を確かめることは行われていますが、積極的に第一回口頭弁論期日以前に和解の試みをするところまでは行われておりません。しかし、第一回口頭弁論期日が過ぎますと、欠席判決コース、争点整理コース、和解コースに概ね事件が振るい分けられますので、直ちに和解に入ったり、争点整理をしながら和解に入るということがよくあります。私自身は、証拠調べの途中や弁論終結後の和解もよくやります。

珍しい和解例として、当事者の希望によるものですが、判決後の控訴期間中に和解をしたこともあります。事例は欠席判決後、原告代理人に被告から連絡があったので、原告代理人が被告を同行して

### (1) 和解を試みる時期

和解を成立させたというものです。このようなことが起こるというのは、判決では、たとえ原告勝訴の内容であっても当事者の実情に即していないので、被告の履行意欲を高めるためには、原告が譲歩しても和解の成立を望むという現実があるからです。

## (2)　和解期日の指定のやり方

もともとは、和解手続と弁論手続とは峻別されており、和解期日を指定しているときは、弁論期日は「追って指定する」ということにして休んでいることが普通でした。いつのころからか、弁論兼和解という弁論手続と和解手続の双方の手続を同時に行っているという特殊のやり方が生み出され、これがまたたくまに全国の実務を席捲しました。そのために、ほとんどの和解手続は、弁論兼和解期日という指定のもとで運用されるようになり、私も和解を試みる場合は、原則的に弁論兼和解期日を指定していました。

これほどまでに弁論兼和解が多用されるようになったのは、この弁論兼和解が裁判官や訴訟代理人にとって大変便利だったからです。弁論兼和解の利点をあげてみましょう。

第一は、実質的に争点整理ができるということです。準備書面を基礎とした代理人による二、三分間だけの法廷での口頭弁論では、弁論が形骸化されてしまい、形式的な争点整理はできても事件の本質に迫った、真の争点整理はできませんでした。これを打開するには、代理人だけでなく適宜本人を含めて、ある程度の時間をかけ、膝を突き合わせてフランクに事件について議論をすることが有益ですが、それを公開の法廷ではなく、非公開の準備室などで時間をかけて実施することの方がさらに効果的なのです（争点整理型）。

第二は、和解が成立できなかった場合のロスが最小限に食い止められ、審理が促進されるということです。一般的な裁判官の思考は、まず、和解解決を目指し、それが難しい場合に判決を目指すという形になっていますから、和解解決できるものなら早い段階で和解を成立させてみたいと考えるのは自然です。ですが、失敗したときにはロスがありますので、和解手続中に準備書面の陳述や証拠の提出、書証の取調べができるとそのロスがなく、大変便利です（和解中心型）。

第三は、現実の事件では、訴訟の進行をするにあたっては将来の見通しが不透明なことが多く、事件の処理のテクニックにおいても、いろいろな局面や状況の変化に対応するためには、できるだけ融通のきく手続が有効であるということです。そのためには弁論兼和解はどちらの手続も兼ねていますので、融通性があり、事件に柔軟に対応できたのです。

しかしながら、弁論兼和解には、手続の公開との関係で問題がありましたし、当事者の立場からすると、弁論兼和解はどちらを主目的として運用されているか分からず、争点整理に名を借りて、事実上和解を目的としてなされているとの批判がありました。

新民事訴訟法では、弁論兼和解をそのまま認める形での改正は行われていません。今回の改正は、口頭弁論の活性化を目的とした準備的口頭弁論、準備手続によらない簡易な法廷外での争点整理手続の法制化（弁論準備手続、書面による準備手続）が目玉となっており、争点整理型の弁論兼和解に配慮するものです。このために従前、弁論兼和解という形で行わざるをえなかった争点整理手続が純化された形で弁論準備手続が新設され、その限りで公開や失権効の問題点をクリアーすることができたといえます。

半面、和解中心型の弁論兼和解についての配慮はなく、和解を目的とするときは和解期日で行うことを原則とすることになりました。新民事訴訟法は、弁論兼和解を容認していないと一般に理解されており、私も新民事訴訟法施行後は、弁論兼和解という期日指定は行わず、和解を目的とする場合は和解期日を、争点整理を目的とするときは弁論準備期日を指定しています。弁論手続と和解手続を峻別することが基本でありますので、和解を失敗したときのロスを避けるためには、臨機に弁論手続と和解手続を切り換えて連続的に接続し、ロスを少なくする運用をすることになります。

争点整理手続中に和解の機運が熟したときは、今から和解手続に入りますと告知して入るようにしています。旧法下での弁論兼和解が妥当とするようなときは、弁論期日を指定してラウンド法廷を使うようにしています。確かに、以前よりは不便になりましたが、そうすることが新法の趣旨であるとすれば、裁判官としては我慢しなければならないと思っています。

応用型として、証拠調べ中に人証と並行して和解を試みる方法があります。人証の証拠調べに入りますと、二ヵ月に一回くらいの割合でしか期日が入らないことがありますが、その間を利用して並行的に和解を試みると効率もよく、意外に成功します。未済事件が増えて来て、証拠調べ期日の間隔が三ヵ月以上になったりしてきますと、この並行和解を活用して一件でも和解を成立させ、その事件で予定している証拠調べ期日を他の事件の証拠調べ期日に振り替えるようにしないと、さらに未済事件が溜まってしまいます。

## (2) 和解期日の指定のやり方

私の和解期日の指定の仕方で応用型を紹介します。第一回口頭弁論期日で被告が欠席しているが、電話で和解希望を申し出ていたり、建物の明渡訴訟などで直ちに判決をすることに抵抗がある場合などがあります。これらの場合、漫然と期日の続行をしますと、次回期日呼出状の特別送達ができないことがままあり、次回期日を開くことすらできなくなって困ってしまいます。

私は、こういう場合には、直ちに弁論を終結して、和解を勧告し、普通郵便で和解期日の呼出しをします（判決期日は指定するときと指定しないときがあります）。和解期日や判決期日には弁論する事項がありませんので、期日の呼出しを特別送達でする必要がありません。被告が出頭してくれれば和解は当然できますし、たとえ弁論すべき事項が出てきましても、直ちに弁論を再開すればよいので、非常に便利です。

### (3)　和解の指針

証拠調べ前の段階では、一般的に言って裁判官に心証が形成されていない状態ですから、何に基づいて和解を試みるのかという問題があります。この点について、裁判官主導型ではなく当事者主導型の和解の試みをやるべきだという見解があります（石川明「和解裁判官と訴訟裁判官の役割衝突」判例タイムズ五二五号七四頁・一九八四年）。

また、木川統一郎弁護士は、「ドイツにおける裁判官の証拠調べ前の和解勧試は当事者主導型ではあるが、原被告双方に主張の一貫性がある場合の裁判官の説得の迫力のなさ、諦めの早さは—日本の裁判官に比べると—呆れるばかりである。」と述べられています（木川統一郎「西ドイツにおける集中証拠調べとその準備」判例タイムズ四八九号二四頁・一九八三年）。

日本の裁判官の中にも心証ができなければ裁判官は責任をもって和解を試みることはできないとの意見はかなり根強いものと思われます。

しかし、私はこれらの見解には賛成できません。心証がなくとも和解の試みはできるのです。また、当事者主導型を私も取るのですが、当事者主導型と裁判官の説得力が弱いということは直結するものではないと思うのです。

では、一体どのようにしてやるのかと思われるでしょうが、それは難しいことではありません。裁判所がなくても、人間が複数存在する以上は争い事は絶えません。このような場合の紛争解決の基本は、当事者間で自主的に交渉して解決するということです。

交渉がうまくいくためには、当事者間に対話ができなければならず、できないと交渉は成立しません。ですから、第三者が当事者間に対話が可能となるように介入してやれば、当事者間だけで交渉するよりも良い結果になることは、誰もが経験的に知っていることです。

第三者が経験豊かな人格識見ある人であれば、成功する確率が高くなります。これが調停委員を民間から登用する理由です。この第三者が法律にも明るい裁判官であるとするとさらに効果があり、その裁判官が訴訟事件を担当して判決をする立場に立つとしますと、最大の効果があることになります。

このように判決をする立場にある裁判官が最大の説得力を持つのですが、紛争の実体そのものは変わっていないのです。当事者双方が対話を尽くせば、裁判に訴えなくても紛争の解決ができた事件はたくさんあるはずで、このことは裁判提起後も変わっていないのです。

ですから、当事者双方も対話を尽くせば解決できたと思われる事件は、当事者が対話できなかった原因を考え、その障害を取り除き、真の対話ができるように裁判官が努力すれば、和解は自然にできていくものなのです。これが和解が成立する最も基本的なことなのです。要は、当事者自身の中に内在する自然の回復力（自主解決能力）を引き出すことが大事なのです。調停において同席調停を基本型とするレビン小林久子さんも、同席調停の背後には、「当事者の自己解決能力に対する深い信頼がある」と述べられています（レビン小林久子著『調停者ハンドブック』一三頁・信山社・一九九八年）。後述するように私は個別対話を基本型としていますし、日本の司法制度を支える裁判官ですから、司法制度に対する不信感を根底に持つアメリカの隣人調停を支えるレビンさんとは異なるのですが、当事者に内在する解決能力を信頼するということでは全く同一であるということは、この点がいかに重要であるかを示しているとつくづく思うものです。

自主解決能力が基本であるというようなことを言いますと、話し合いができなかったからこそ訴訟になったのであって、そのようなことは無駄だとか、当事者が話し合いを望むなら、訴訟を選ばずに調停を選択したはずだ、とか批判する人がおられます。

もちろん、これらの批判が妥当するような事件があるということは、私も認めますし、証拠調べをして心証を取り、それを加味しなければ到底和解にならない事件も当然あるのですが、問題はどちらの事件の方が多いかということだと思います。私は、それらの事件の方がむしろ例外で、当事者が対話を尽くせば和解ができるという事件の方が多数で原則だと思っています。これが和解派の感覚です。

井上治典教授が「手続保障の第三の波」と題される論文の中で「当事者双方が共通の方向を目指して相互の意思疎通をはかりながら論争を展開し対話を積み上げていくからこそ、訴訟事件の大部分は和解や訴えの取下げで落着することになるのであり…」（同論文（二）法学教室二八号四一頁・一九八三年）と書かれていますが全く同感です。私の見解は、第三の波の考え方とかなり似ている面もあるなと感じます。

当事者自身の中に内在する自然の回復力（自主解決能力）を引き出すことにより和解ができるということは、証拠調べ終了後であっても変わりません。ですから、証拠調べ終了後であっても対話を尽くした当事者の交渉が基本型であり、それで行き詰るときに証拠調べの結果得られた心証により局面を打開するということが応用型ということになります。

## (4)　当事者との対話の方式

### ①　交互対話方式と対席対話方式

和解において裁判官が当事者と対話をするやり方には、当事者の片方ずつを交互に聞いて説得する交互対話方式と当事者双方を対席させて同時に対話する対席対話方式とがあります。

従来、この問題は、当事者に対する説得方式という用語が用いられていたのですが、当事者の主体性を重視するということを考えますと、説得という言葉は、当事者が受け身の立場に立っているニュアンスを感じますし、視点があまりに裁判官中心になっていると思われますので、本書では、対話方式というように呼び方を変えてみました。

日本の裁判所では、従前ほとんどが交互対話方式によっていたと思われますし、私自身もほとんど交互対話方式を採用しており、例外的な場合にしか対席対話方式は採用していませんでした。

これまでの交互対話方式に対する批判は学者からのものが主でした。例えば、木川統一郎弁護士によりますと、西ドイツでは、交互対話方式は裁判官の言動の公正さを疑わせるもので、不明朗な駆け引きを容認することにもなり、一種のいかがわしい和解勧告方法であるとされており、絶対に採らない、とまで紹介されています（木川統一郎「西ドイツにおける集中証拠調べとその準備」判例タイムズ四八九号二一頁）。当該個所を正確に引用しますと次のとおりとなります。

裁判官が敗訴の危険性が必ずしも大きくない当事者に対して、あたかも敗訴の危険性が相当高いかの如く装ってこれを威迫し、その結果その当事者の判断を誤らしめ、不当な和解提案に屈服させるおそれも考えられる一種のいかがわしい勧告方法と見られており、現在ではこういう形は絶無である。以上の見解は、西ドイツの裁判官・弁護士の現在の通説であり、しかも異説がないと私は判断している。

最近では、裁判官の中に対席対話方式を実践し、成功している事例が紹介され、かなりの影響が出ています。

西口元判事は、自らの運営した裁判をNコート（ナチュラル・コート）と呼んでおられますが、Nコートにおいては、フェアネスの維持という観点から、対席和解を原則としているとのことです。対席和解は、直接相手方と会って真意を聞きたいという当事者本人の願望を叶えることにもなりますし、裁判官にとっても、双方同時に裁判官の見解等を伝えることができますから事務の合理化に繋がると主張されます。そして、裁判は本音で勝負すべきであるし、相手方に言えないようなことをコソコソと裁判官に言うべきではないから、利用者に信頼される適正な裁判をすることに使命感を感じてきた一裁判官として、対席和解が原則であるという一線だけは守りたいと思っている、との決意を示されています（西口元他二名「チームワークによる汎用的訴訟運営を目指して」判例タイムズ八四九号一八頁・一九九四年、西口元「争点整理の原点に立ち返って」判例タイムズ九一五号六四頁・一九九六年）。

井垣康弘判事は、家事調停についてですが、同席による調停を実施することにより、夫婦の対話及び人間関係の回復、本音の話し合いにより紛争の客観的な全体像及び争点が全員に明確になること、それにより当事者の柔軟な決断が容易になること、代理人弁護士が適切な指導・助言ができること、紛争の客観的な全体像及び争点が全員に明確になることを背景として、説得力に富む調停案の策定・提示が可能になったとされます（井垣康弘「家事調停の改革」判例タイムズ八九二号八頁・一九九五年）。

この西口判事や井垣判事の主張と実践されている結果は、長年の間、交互対話方式にどっぷりと浸っていた実務家に衝撃を与えるものであると言って過言ではありません。

これらの見解に対する私の現在の見解は次のとおりです。木川弁護士の批判についてですが、このように批判されるようなことが起こりえないとはいえませんし、また、起こってはならないのですが、だからといって、交互対話方式が対席対話方式に比べて劣っているとは思われません。私はこの交互対話方式には大変優れている面があると思います。実務において採用されている方法には、かならず長所があるのです。

交互対話方式ですと、当事者は相手方がいませんので、率直に事件の内容、自分の気持ち、不満、希望などを裁判官に述べることができます。裁判官の方でも当事者の気持ちになり、その人の身になって事件の解決方法を考えることができます。次に相手方から話をよく聞き、同様に今度は相手方の身になって解決方法を考えることができます。こういう気持ちで当事者双方の間を往復していきますと、大体良い解決案が浮かび、双方が納得できる和解案が生まれて来るというのが私の実感です。

西口判事や井垣判事の見解についてですが、現実の事件は多種多様ですから、交互対話方式も対席対話方式も共に妥当する局面もあり、妥当しない局面もあるわけで、問題はどちらの方式を基本型とするかです。私は、制度を利用しようとする当事者の希望と和解運営をしようとする裁判官の和解に対する価値観によって異なるものであるように思います。

当事者の面から考えますと、当事者が個別に裁判官にコソコソと意見をいうべきではないと考えれば、その意思に反して裁判官が交互対話方式を行うことは不可能ですから、対席対話方式をするしかないと思われます。しかしながら、現実に、交互対話方式が一般的に行われているというのは、交互対話方式を希望するか、少なくとも違和感を感じていない当事者の方が多数であるからこそ行われていると思うものです。交互対話方式を希望する当事者の真意には非合理な面があることも事実であり、西口判事が主張されるように、正々堂々としていないと言えば、そのとおりでしょうが、相手方が在席している状態では十分に自分の気持ちを述べることができないという人に対し、その気持ちを受け止めるということも裁判官の使命であると思うものです。そして、そういう人のほうが多いのが現在の状況である。ですから私は交互対話方式を基本型とすべきであると考えています。

確かに、交互対話方式は、各別に裁判官の意見を伝えなければならず、手間がかかり、事務を合理化することはできませんし、裁判官が双方に敗訴の危険性をちらつかせて譲歩を迫るというアンフェアな方法を取る危険性があるという問題点もあります。しかしながら、手間や時間がかかっても良い和解を目指したいということにこだわることも大事なことですし、アンフェアと思われるようなことはしないということは裁判官のそもそもの出発点ですから、裁判官の自戒により解決できると思うものです。

もちろん、私自身のこだわりよりも、制度を利用しようとする当事者の意思を優先すべきですから、当事者双方が一致して対席対話方式を希望するときは当然対席でやりますし、場合によっては、一方当事者の事情聴取中に相手方を傍聴させる（発言は認めない）という準対席対話方式も検討してみようと考えています。

**② 代理人と本人の同席が原則**

和解の試みの実際のやり方としては、代理人と本人を同席させて対話するのが原則です。しかし、他にもいろいろな対話方法がありまして、原告代理人と被告代理人双方を一緒に呼んで対席してもらい、和解について議論して和解案を作り、その和解案を代理人から本人に説得してもらい、説得できなかった当事者のみを裁判官が再度説得するというやり方もあります。しかし、この方法は、双方の代理人及び裁判官が事件について共通の見通しを持っていないとうまくいきません。

例外中の例外の方法としては、代理人を抜いて裁判官が本人と直接交渉する方法があります。しかし、この方法は、代理人との信頼関係が損なわれる危険性がありますので、それ以外に方法がない場合で、かつ、代理人の真実の同意があるときにしかやってはいけません。

私の経験ですが、ある会社で三〇〇日に及ぶ争議行為があり、万策尽きはてたときに、双方代理人の同意を得たうえで、私が会社社長、組合委員長と三人でトップ会談を重ねて和解を成立させたことがあります。この和解の結果、労使関係は正常化し、双方から大変感謝されましたが、これは私にとって忘れられない事件です。

しかし、この方法はあくまでも例外中の例外で、こういう方法だって前述したような極限状況においては、信頼関係を損なうことなく有効に機能することもあるのだ、という発想法の転換の一例として理解すべきもので、普通、この方法を使う必要は全くありません。私自身、この事件以外に使ったことはありません。

ここで、代理人と本人が同席した場合、裁判官はどちらに向けて主に対話すべきかについて考えてみたいと思います。本人あっての民事訴訟であると考えますと、本人を中心に考えるべきでしょうし、本人では訴訟遂行が困難であるから専門家である弁護士を訴訟代理人として選任したのだと考えますと、弁護士を中心に考えるべきだということになりましょう。

本人、代理人といっても皆個性があり、等質ではありませんから、この問題を抽象的に論じてみても余り意味がないのですが、私は、一次的には裁判所に対して積極的にコミュニケーションしようとしてくる人を対話の相手とすべきだと思います。本人、代理人にその点での差が余りないときには、代理人よりも本人に向けて対話すべきだと思います。

確かに、弁護士は訴訟の専門家ですし、裁判はなかなか難しく、素人では手におえない面がありますから、法廷での弁論においては代理人を中心にすることはやむをえないと思います。しかし、裁判を起こすエネルギー、裁判を継続するエネルギーはすべて本人から来ているものですし、私のように当事者の中に本来紛争を解決する自然の力が内在していると考えますと、本人に向けて、本人が理解すべき言葉で対話すべきものと思います。

そうは言いましても、弁護士の中には、裁判官が弁護士の頭越しに本人に聞いてくるという言い方をして不快感を示す人もいます。このような場合は、「直接、本人に聞いても言いですか」と、一言断りを言うことも必要になります。

## (4) 当事者との対話の方式

要は、理論的にどちらが正しいかとか、どちらが筋かとかいうことを議論するよりも、どうしたら、よりよく意思疎通ができるかということの方がはるかに大事なのですから、ケース・バイ・ケースで臨機応変に対処することが肝要です。

### (5)　書記官との協働の重要性

現在の訴訟運営においては、協働主義ということが言われ、対外的には弁護士との協働、対内的には書記官との協働が図られるべきであるとされています。このことは、当然に和解運営にも妥当するのです。ただ、弁護士との協働は、誰もが当然に浮かぶことですが、和解運営において書記官との協働ということは私を含め、これまで余り意識されてきませんでした。というのは、従来から和解手続は弁論手続と異なり、任意の手続であって、書記官が立ち会う必要性はないと解されてきたからです。私自身、和解は書記官が立ち会わなくてよいので、いくら時間をかけても書記官に迷惑をかけることがないので、これが和解の利点であると思った時期もありました。

しかしながら、実務経験を重ねていくうちに、和解手続に入るまでは事件に熱心であった書記官が和解手続に入ってからは事件に余り関心を示さなくなり、裁判官との間で意識の差が出るのを感じ、寂しい思いをすることがありました。これは、自分が関与しないところで事件が動いていくことによる意識の低下が原因であると思われます。それで、和解手続にも書記官に立ち会ってもらうようにしてみましたところ、書記官の意識も高まり、積極的に和解案を作成してくれたり、適切な助言をしてくれるようになりました。書記官が和解手続に立ち会うことにより、その時間は調書の作成や電話の応対等ができないというロスがありますから、どの程度立ち会うかという事件や時期の選別の検討がかかせませんが、立ち会うことにより和解手続において書記官との好ましい協働関係が生じることは事実です。

私は、書記官と協働して実務に携わってきましたが、今、実感して思うことは、裁判官と書記官の関係は相棒だなということです。裁判官と書記官の関係については、女房論や、同僚論などいろいろあるようですが、どうも私には、しっくり来ません。相棒論がしっくり来るのです。相棒というのは、本来は前と後ろで駕籠を担ぐ二人の関係をいうもののようです。駕籠は一人では担げませんし、二人で担いでも呼吸を合わせなければうまくいきません。裁判官と書記官が呼吸を合わせ、事件というお客を乗せた駕籠を担いで、適正迅速に紛争解決という目的地を目指すのではないかと思うのです。これまではもっぱら裁判官が前を担ぎ、書記官が後ろをそっと担いでいたのですが、これからの和解運営は、書記官がどれだけ前を担ぐかということになると思われます。書記官の側でも研究がされており、その発展が期待されます（冨田潔・佐藤陽著『和解への関与の在り方を中心とした書記官事務の研究』書記官実務研究報告書第三四巻・裁判所書記官研修所・二〇〇二年）。

# 四 説得技術

## (1) 説得術、交渉術と和解技術の関連

当事者と普通に対話を重ねていけば、当事者自身に内在する自然の回復力により合意に至るということは、前にも述べましたが、実際の和解の局面では、苦労するものの方が多いということも現実です。こういう場合、気ばかりあせっても逆効果になるばかりです。当事者に内在する自然の回復力を引き出す和解技術の向上にも努力しないとなかなか成功しません。この和解技術の中で最も重要なものは説得技術です。

説得技術というものは、何も和解にだけ必要なものではありません。教育、商売、宗教、家庭、いろいろな場面で、人は、毎日、誰かを説得しています。これらの説得技術の本質は、「人を動かす」ということに尽きます。和解においても全くその基本は同様です。ですから、和解においても「人を動かす」という基本技術をマスターしなければなりません。

説得術の古典とでもいうべきD・カーネギーの『人を動かす』(山口博訳、創元社・一九五八年)によ

りますと、基本は次のようになっています。

「人を動かす三原則」

① 盗人にも五分の理を認める

② 重要感を持たせる

③ 人の立場に身を置く

「人を説得する十二原則」

① 議論を避ける

② 誤りを指摘しない

③ 誤りを認める

④ おだやかに話す

⑤ イエスと答えられる問題を選ぶ

⑥ しゃべらせる

⑦ 思いつかせる

⑧ 人の身になる

⑨ 同情を持つ

⑩ 美しい心情に呼びかける

⑪　演出を考える
⑫　対抗意識を刺激する

このような本は、他にも多数出版されていますが、だいたい言わんとするところは同じだと思います。ただ、子細に見ますと微妙に表現のニュアンスや力点の置き方が違います。これは、作者の人間観の違いによるものと思います。先人が自分の人生というものを見つめ、人間に対してどのように考えてきたのかを汲み取り、自分の指針としたいものです。

人を動かすことは説得技術の真髄ですが、和解は紛争の解決を目指すものですから、紛争状態にある当事者の双方を動かすところに特徴があり、紛争状態にない人を動かすことより格段に難しいものです。そこで、紛争状態にある人の心理を考える必要があります。

紛争状態にある当事者が解決を目指して対話することを交渉と呼びますが、この交渉についての技術、いわゆる交渉術について近年関心が高まってきています。『ハーバード流交渉術』（ロジャー・フィッシャー他著・金山宣夫他訳・TBSブリタニカ・一九八二年、三笠書房の知的生き方文庫にも入っています。）という本が原則立脚型交渉というものを主張して交渉術に新しい局面を開きました。ハーバード流交渉術の目次を挙げてみましょう。

1　立場で駆引するな
2　人と問題を切り離せ

3　立場でなく利害に焦点を合わせよ
4　複数の選択肢を用意せよ
5　客観的基準を強調せよ
6　相手の方が強かったらどうするか
7　相手が汚い手口を使ってきたらどうするか

カーネギーの説得術に比べるとかなり技術性が強いなあ、と感じられたのではないでしょうか。交渉術に関する本は、他にも多数出版されていますが、この交渉術の発展の成果も参考にする必要があります。どれもが、実際の交渉に携わった経験と難事件を解決してきた自信に裏付けられた貴重なものといえます。

これらの交渉術は、主に当事者自身がやる自主交渉を基本にしています。和解手続というのは、後でも触れますが、判決手続で判決をする裁判官が権威者として仲介する形で行われる交渉ですから、交渉の中でも特殊のものです。その技術も裁判官の立場からみるものと、当事者の立場からみるものとでは異なるのではないかと思います。

しかし、一見特殊に見えるものも、その基本には自主交渉の原理が働き、さらにその基本には「人を動かす」という説得術の基本があり、その根底には人格の尊重と当事者に対する信頼があるということを忘れてはならないのです。

## (1)　説得術、交渉術と和解技術の関連

## (2)　和解交渉の基本原理

私は、交渉の基本原理を協力型交渉と敵対型交渉に分けて考えます。協力型交渉というのは、双方が交渉する目的について了解があり、協力的な関係にある交渉をいいます。典型的なのは、紛争関係にない当事者による契約締結交渉や友人間で旅行する場合の日程や目的地、費用負担の交渉があげられます。協力型の場合は、ウイン・ウインの関係にあるといわれたり、非ゼロサム・ゲームと呼ばれたりします。当事者双方の協力により、他の問題点や、第三者を取り込み、一括解決することにより当事者双方が満足する解決案（俗に「パイを大きくする」と言われます。）が可能になるのです。説得のポイントは、勝訴の可能性よりも利得の増加や具体的妥当性であり、合意が成立した場合の当事者の満足度は大きくなります。

敵対型交渉というのは、当事者双方が相手方に対して不信感を持っていたり、紛争状態にある当事者間での交渉をいいます。戦争状態にある国の間での平和交渉や、紛争関係にある当事者の間の和解や調停があげられます。敵対型の場合は、ウイン・ルーズの関係にあるといわれたり、ゼロサム・ゲームと呼ばれたりします。当事者双方に協力関係がありませんから、問題点や関係者を絞り、限定的な解決をするしかありません。説得のポイントは、勝訴の可能性や弱点をつくということになります。パイが同じか、小さくなりますから、足して二で割る解決や、喧嘩両成敗的な解決になることも多く、当事者の満足度も小さくなります。

和解交渉は、紛争関係にある当事者間での和解手続においてなされるものですから、敵対型交渉の典型になります。通常は、裁判前に合意が出来なかったので、裁判となった経緯があるのですから、敵対型交渉からスタートすることになります。機を見て、協力型交渉への誘導を行い、協力型への変換が成功した場合は、パイを大きくした双方の満足度の高い和解を目指して協力型交渉を行います。協力型への変換が困難な場合は敵対型交渉での和解交渉を行うしかありません。この場合は、問題点を絞って粘り強く交渉し、妥協的なものとはなりますが、良識のある合意の成立を目指すことになります。

## (3) 説得技術の基本型

前にも述べましたが、私は、和解の技術は、すべての基本となる型（基本型）と応用となる型（応用型）の二種に分けられると考えています。そして、どんなケースの場合でも基本型から入らなければならないと考えています。基本型をやってみて、うまくいかなかった場合に、初めて応用型を使うことが可能となるのです。

説得技術における基本型の根本は、人格の尊重と当事者への信頼です。基本型には特効薬的効果はありませんが、適応範囲が広く副作用の心配はないのです。これと比べて応用型は適応範囲が狭く、限られたケースには特効薬的効果を発揮しますが、逆に副作用も大きいのです。当事者の人格を否定し、最初から疑ってかかってはうまくいくはずはありません。

### ①　当事者の言い分をよく聞くこと

基本型の第一は、当事者の言い分をよく聞くことです。これは最も大切な原則です。このようなことは、言われなくても分かっているという人がほとんどだと思いますが、頭で分かっているということと、体全体で分かっているということは違います。

自分では確かに人の話をよく聞いていると思っていても、現実には不十分にしか聞いていないのではないか、ということを率直に反省する必要があります。ですから、これを最も重要な技術だと自分に言い聞かせ、体全体で当事者の言い分を聞くようにしなければならないのです。

事件というのは、具体的な個性を持った個人と個人との間に生ずるのが普通です。事件にはそれぞれの顔があるのです。ですから、要件事実的に見れば同様の事件でも、当事者が異なれば事件の内容が異なり、解決の方法も異なってきます。当事者から話を十分に聞かないと、当該事件にはどのような解決がよいのか分からないはずです。

要件事実だけを聞いて、後はもう聞かないということではなくて、事件の背後にあるもの、なぜ裁判に至ったのか、当事者自身はどういうように解決したらよいと思っているのか、相手方に対してはどのような感情を持っているのか、昔のいきさつとか、いろいろなことを聞くべきです。当事者の言い分をよく聞きますと、当事者が何を望んでいるかということがよく分かりますから、当事者の希望を最大限に可能にした和解案が可能になります。

『ハーバード流交渉術』の中には、一個のオレンジを争った姉と妹の話が出てきます。姉と妹が一個のオレンジを争った結果オレンジを半分ずつに分けたところ、姉は実を食べて皮を捨てたが、妹の方は皮でケーキを作るために実を捨てたという話です。

『ハーバード流交渉術』の該当の個所（同書八八頁）を正確に引用してみましょう。

こんな寓話がある。一個のオレンジをめぐって姉妹が喧嘩した。オレンジを半分に分けることでやっと折り合いがついたが、姉はその半分の中身だけを食べて皮を捨てた。一方妹は残り半分の中身を捨て、ケーキをつくるのに皮だけ使った。交渉はこのような結果に終わることがあまりにも多い。すなわち、成立できるはずの交渉を成立させなかったり、あるいは、各当事者にもっと有利な契約が成立しえたのにそれをふいにしているのである。多くの交渉は、寓話の姉妹のようにオレンジ半分ずつで終わってしまい、一方の当事者には中身の果肉を全部、他方には皮を全部、とはいかないのである。これはどうしてか。

この話は、なかなか教訓に満ちていて面白いのですが、『ハーバード流交渉術』では、通常の交渉が当事者を満足させる結果に終わっていないということに力点を置いています。

### (3) 説得技術の基本型

私は、この話は、満足させる結果を生むような交渉をするためにはどのような情報が必要なのか、そのためにはどうしたらその情報を入手することができるのか、というところに力点を置いて味わった方がよいのではないかと思っています。

そのように考えますと、和解交渉というのは裁判官が第三者として交渉の仲介に当たることですから、裁判官の立場からみますと、この寓話は、当事者の話をよく聞きなさい、オレンジが欲しいという希望だけではなく、何故オレンジが欲しいのかの理由も聞きなさいというように味わうことになるのです。

この場合に、もし第三者が姉妹になぜオレンジが欲しいのかの理由をたずねたとすれば、妹はケーキを作るために皮が欲しいということが、姉は中身を食べるために実が欲しいということがわかったはずです。そうすれば、皮は妹に、実は姉にという和解案が自然に生まれ、姉妹は喜んでその和解案を受け入れたことでしょう。

これを裁判の局面で裁判官の心証に従って和解をさせようとしますと、姉が勝ちそうであれば姉の方にたくさん、妹が勝ちそうであれば妹の方にたくさん、五分五分であれば半分ずつ、オレンジを切って分けるという案になると思います。しかし、当事者の対話を重視し、心証に拘束されずに和解するという私の立場からは、このケースは心証にかかわりなく妹が皮を全部、姉が実を全部とる、という和解案でよいことになります。

## ② 誠意をもって接すること

人間が複数存在すれば、必然的に衝突が生じ、紛争が発生することは誰もが経験することですが、裁判にまでなるということは、普通の市民にとっては、特別な場合を除けば、一生に一度あるかないかのことだと思います。そのような普通の市民が裁判に巻き込まれたときの心労は、原告であっても、被告であっても大変なものがあります。

裁判官は、日常裁判所で仕事をしますから、裁判所の門をくぐることや法廷に入るのにアレルギーというものがありませんので、当事者が裁判所に対して抱いている気持ち、不安をつい忘れてしまいがちです。また、当初は気にかけていても日常の仕事に押し流されているうちに、ルーティン的に事件を処理してしまうようになり、当事者の心情につい無関心になってしまいます。

当事者は、裁判官の一挙一動にも敏感に反応します。また、裁判所というところは、普通の市民にとっては気の重いところですから、ここに来るはめになったことで、皆自分たちは不幸だと思っています。自分たちの紛争を第三者の前にさらけ出すということは、本来、誰でもやりたくないことです。ですから、このような当事者の気持ちを理解し、誠意をもって接することが大事です。

誠意を持って接すると抽象的には言えましても、具体的に現実の局面でどうしたらよいかということになりますと状況に応じて千変万化しますから、一口では言えません。結局は、そういう気持ちを持つということだけになってしまうのですが、その気持ちを持つかどうかで、当事者に対する説得力に違いが出てくることだけは疑いありません。

　誠意を持って接する気持ちになるための具体的な方法ですが、単に、誠意を持って接すると抽象的に頭に感じるだけではなく、自分の気持ちを自分なりの言葉で表現して自分自身に言い聞かせてみることがより効果的だと思います。私自身は、当事者に対し、「現在のあなた方の紛争状態は不幸な良くない状態です、私は縁あってこの紛争に関与したが、少しでもこの良くない状態を良い状態にするように努力したい」、という気持ちになって接するようにしています。

　昔から、先人が、人生訓としてきた言葉には味わうべきものがあり、短い言葉の中に人生の真理を言い当てています。その言葉を頭に抱きつつ和解の席に臨むということも効果があると思います。私自身は、「一期一会《いちごいちえ》」という言葉が好きです。

　これは余りにも有名な言葉で、他の方も、この「一期一会」を座右の銘とされている人は多いことと思います。「一期一会」とは、生涯にただ一度まみえることというのが文字どおりの意味ですが、その中には、普段何度も会っている人でも、会ったその時が生涯にただ一度まみえたものとして、その出会いを大事にしようという意味を含んでいます。

　誰も何年も同じ仕事をしていますとマンネリとなり、十年一日のようになってしまいますので、自分を励まし、新鮮な気持ちを持続させていかなければなりませんが、「一期一会」という言葉は、私自身にとっては自分を励ます良い言葉です。

裁判官の方から見ますと、事件の当事者は誰も皆同じように見えて慣れっこになったりしますが、当事者の方にしますと、裁判所に来ることはその人の一生に一度あるかないかのことです。いつも会う職員や同僚にも、また、最初で最後となることも多い当事者のためにも「一期一会」という言葉は味わうことの多い言葉です。

### ③ 熱意をもって粘り強く頑張ること

裁判官が一言すれば、すぐに和解ができるという事件もないわけではありませんが、普通は話し合いができないから裁判にしたのだといわれるように、裁判前に話し合いがもたれて失敗したケースが多く、簡単にはいかないものです。円満に解決するのが一番だと説教してみても、当事者の感情的対立は一朝一夕には解消しませんから、たいした効果はありません。ですから、当事者の拒否にあっても、簡単にあきらめてはいけません。

裁判官が熱意をもって説得すれば必ず効果がありますから、たとえ失敗しても、再度、三度、四度のチャンスを見つけ、粘り強く努力するということが大事です。

見込みがないような事件でも、熱意をもって粘り強く頑張ると効果があるということは、現実にそれを実行してみた者だけが経験的に知ることができるものですから、経験がない方は、騙されたと思って実行してみることをお勧めします。

従前は、当該事件が和解が可能かどうかは早急に見とおしをつけ、可能性が少ないものをいつまでも粘ってはいけないというように、先輩裁判官から教えられてきました。和解をやるだけやって、失敗して、判決をすることなく、次の裁判官に事件を回すようなことはしてはいけないというのが理由です。

確かに、このような失敗の結果になることもあるのですが、それはやむをえないことだと思います。そういう目に合うというのも当該裁判官にとって貴重な経験になりますから、とにかく自分で信じた方向を失敗を恐れずに突き進むことを初心の人に勧めます。もう駄目だと思っていた事件を頑張って続行し、成功したということは駄目でなかったということを体験できるし、失敗したときはこれは拙かったなということが体験できる絶好のチャンスなのです。

私は、この自分の目で自分の考えた結果を見るということがその裁判官にとって貴重な経験になり、その裁判官の今後の成長に大きな力となると信じています。ですから、自分の陪席裁判官などに対しても、和解をやるときはとことんやりなさいと励ますようにしています。

### ④　当事者の相互不信を解くように努力すること

裁判というのは、原告と被告のどちらかの言い分が正しいかを決めるものだと、一般の人は考えています。これを裏返しますと、当事者のどちらかが悪いとか、間違っていると決めるものだということになります。私も任官する以前はそのように考えていました。

しかし、実際に裁判官になって訴訟をしている当事者に接し、その言い分をよく聞いてみますと、裁判所に出頭して裁判官に何かを訴えようとしている人は、それぞれに理由があるのだなと感じるようになりました。要するに、裁判所に出頭して裁判官にくどくどと言っている人には善人が多いということです。ただ、この善人同志の紛争というものは、自分は間違っていないと互いに頑張りますので、相互にエネルギーを相手方に供給しあって、相互不信を深刻化させてしまうという、困った一面をもっているのです。

通常の紛争は、交通事故のような場合は別として、知らない人との間では起きないし、知っている人でも、信頼していない人との間では起きないのです。なぜなら、信頼していない人に金を貸したり、保証人になったりはしないからです。ということは、信頼していた人との間で起きた紛争は、裏切られたという感情を発生させ、不信感を強く起こさせるのです。

裁判官としては、どちらの当事者の言い分にも一理あり、悪い人ではないと思うのですが、当事者の側からみると、相手方は大変な悪い人だという不信感を相互に全く同様に抱いているのです。この相互不信が当事者に裁判を継続させるエネルギーを供給し続けているのですから、相互不信を解消し、信頼関係を回復させねばなりません。

### (3) 説得技術の基本型

どうしたら、相互不信を解消させることができるかということが一番の問題となるのですが、裁判官が「相手を信頼しなさい」とか、「相手は悪い人ではない」と抽象的に言っても効果は薄いばかりか、かえって、この裁判官は相手を贔屓にしているのではないかと誤解されて不信感を買ってしまいます。このような方法は余り良いとは言えません。

最も効果的なのは、当事者が相手に不信を感ずる根拠となっていることが誤解やその人の考えすぎであったりしたと自分で自覚させることです。そうなりますと、当事者の相手に対する不信感が自然に解消されます。

私は、当事者の話をよく聞き、これは相手方に対する誤解だなというところがありますと、それを本人に具体的に説明して、その誤解を解くようにしています。それがうまくいきますと、その人は、「それは私の誤解だったのか。あの人はそういう人ではなかったのか」と相手に対する不信の壁に穴が空き、残った壁もみるみるうちに崩れて、信頼感が回復します。

こういう場合は劇的な効果が出るのですが、そのような材料がなくても、前に述べましたように裁判官が熱意をもって粘り強く頑張りますと、徐々にではありますが裁判官を通して相互不信が緩和され、少しずつ信頼関係が回復してきます。

非常に深刻な事件は、この信頼関係の回復に時間を消費するのですが、ここが長くかかった事件ほど、結果として良い和解が成立します。時には、「和解はドラマだ」というような感動的なエンディングを見ることができます。こういう結末を見ると、これまでの苦労が吹き飛ぶような嬉しさを感ずるものです。裁判官になって良かったという実感を感ずることができ、思わず和解派になってしまうのです。

**⑤　当事者の心理状態をその人の身になって考えること**

紛争というものは、人間が二人以上いないと発生しません。無人島では紛争というものは起きないのです。また、人間が一人しかいないところでも起きないのです。紛争というものは、人間が二人以上いるからこそ発生するものなのですから、人間の心理を抜きにしてはその解決もありません。

ですから、和解を試みるに際しては、裁判官は当事者がどのような気持ちになっているのかをよく考えておくことが必要です。自分であったらこのケースの場合はどういうように思うだろうかとか、どういう点が一番当事者の頭にくるのだろうかとか、どういう解決だったら受け入れることができるのだろうか、ということを考えるのです。その人の身になって考えていきますと、当事者双方が納得する良い案が浮かんでくるのです。

原告の話を聞くときは、原告寄りの立場に立って応対し、被告の話を聞くときは、被告寄りの立場に立って応対するのです。要するに、当事者を受容するという気持ちが必要です。そのためには、個別に当事者と対話しないと当事者の心の底にまで入っていくことはできません。私が、個別対話方式を堅持する理由もここにあります。

このように当事者のそれぞれを受容するように対応しますと、当事者の双方が、裁判官が自分の方をより支持してくれていると考えて、双方とも譲歩せず、和解成立が困難になるのではないかと考えられるかもしれません。しかし、受容することと、勝訴の可能性とは直接関連しないのですから、こういう危惧は全くの杞憂です。

こういう危惧は、当事者に譲歩させるためには、敗訴の危険性を告げることが効果的であると考えることからくるのだと思います。確かに、敗訴の危険性を告げることにより効果的に譲歩させることができる人がいることを、私は否定しません。しかし、訴訟になっている当事者に限定しますと、そういう人は意外に少ないのではないかと思います。

裁判官や代理人は当事者本人ではありませんから、敗訴するよりは和解して少しでも金を受け取った方がましではないかと、理性的に考えがちです。しかし、一歩進めて考えてみますと、自分自身が当の本人であった場合でも、そのように考えるのだろうかということを考えねばなりません。

当事者には、裁判にまで至ったことについて複雑な感情があります。自分の意見が間違っているのなら敗訴して結構で、金は一銭もいらないという人は、意外に多いのです。裁判所に出頭して自分の言い分を裁判官にる述べようと思っている人に限定しますと、その数はさらに拡大するのです。

私の経験から申しますと、裁判の当事者は、おおむね次のような心理状態になっています。

第一は、過ぎ去った過去の大なる苦痛よりも、未来の小なる苦痛の方を悩ましく感じています。だから、未来の苦痛を取り除くような案にしますと、過去の点については大幅な譲歩が可能になります。和解成立時に全部解決ずみということであれば、ほとんどの事件がうまくいきます。

例えば、単純な金銭請求の事案で、一〇〇万円を二万円ずつ五〇回に分割して支払うという案では、果たして完全に履行するだろうかという将来の不安がつのりますから譲歩が難しくなります。これに対して、八〇万円に減額するけれども和解成立の席において即金で支払うという案の場合では、この不安がなくなりますから成立しやすくなります。

なぜなら、和解成立時に現金を持って来て履行を完了してしまうというのは、原告の立場からは、不履行の不安がなくなりますから最大の譲歩が可能になるのです。被告の立場から見ましても、支払ったのに支払っていないと言われるのではないか、嫌がらせで強制執行をされるのではないか、等の不安がありますから、和解成立時に全部の履行をすませることは、債務名義を作られなくてすみますので、大変なメリットがあり、最大の譲歩が可能になるのです。

以上のことは、対立がより深刻な人格訴訟でも同様に妥当します。ということは、どんなに激しい憎悪や悪感情があっても、事件を過去の問題とすることができましたら、原則として和解が可能であるということになるのです。歴史をみましても、どんなに長く続いた戦争も結局は終わっているということが、このことを証明しています。

第二は、前にも言いましたが、当事者は自分だけが不幸だと思っています。だから、他の人もみな悩みを持っていることが分かると、安心して冷静な解決案を考えることができるようになります。

裁判官は全く悩みを持たない人種だと思っている当事者も結構いますから、ポーカーフェイスで応対するよりも、人間性を出して雑談をしてみるとうまくいくことが多いものです。私は、同じような悩みを自分自身経験したことがあったときには、「私自身も同じようなことで悩んだりするし、だれも悩んだりするのです」と言うこともあります。

第三は、一般の人は争い事は好みませんから、裁判になる以前は、まず、非常に我慢します。事を荒立てたらいけないと非常に我慢するのですが、我慢仕切れなくなって一旦事を起こしますと、その反動でテコでも動かなくなってしまいます。非常に我慢強い反面、一旦出る所に出てしまうと引けなくなるのです。

裁判前では、かなりの譲歩をしても裁判になることを避けようという気持ちになるのですが、いったん裁判になってしまいますと、必要以上に反発してしまい、金輪際譲歩をしないという気持ちになってしまうのです。しかし、やはり紛争は嫌いですから、適当な時期に解決することを望んでいます。

ですから、たとえ当事者の反発にあいましても、当事者は心の底では早い解決を望んでいると信じて頑張ることも必要な場合があります。そうすれば、裁判官の熱意に打たれたということで、裁判所の和解案を気持ちよく受け入れてくれることもあります。私は、この段階までは頑張ろうと思っています。

### ⑥ 真の紛争原因を探り、その解決を目指すこと

訴訟の争点を早期に把握するということは、裁判官にとって大事なことですが、その争点とは、要件事実だけにとらわれるのではなく、何が紛争の真の争点かを把握しなければなりません。そのためには、訴状や答弁書に記載されていることにとらわれることなく、なぜ紛争が起きたのか、なぜ現在まで続いているのか、ということをいつも考えておかねばなりません。

事件として訴状に表示されていることと裁判を提起した人の狙いとが一致しているという保証はどこにもないのです。かえって、違っているということが、まままあるからです。というのは、裁判というものは、ひとつの公式的手続が決まっていますので、それに乗った形でないと裁判所で取り上げられてもらえないからです。

勝訴判決を真に求めて訴えを提起した場合は、それほど変わりありませんが、相手方を裁判所に引きずり出すことだけを目的としたり、困らせてやろうという目的で提訴したりしている場合など、裁判を起こした人の真の狙いが異なっている場合には、その狙いを考慮に入れないと、本当の意味での解決はなかなかできません。

当事者からよく聞く言葉に、「私だってこういうことはしたくなかったのだ」とか「こういうことに

なったのは向こうが悪いので、私もやむを得ず、こうせざるを得なくなったのだ」ということがよくあります。この「こうせざるを得なくなったのだ」という気持ちはどこからきたのか、ということを、常に考えておかなければならないのです。

隣人間で長年平穏な状態にあったのに、ある日突然、境界確定訴訟が起こされるというケースでは、なんらかの別の原因による隣人間のトラブルが発生したと考えて、まず、間違いありません。

例えば、隣のピアノの音がうるさいとか、越境している枝を切れとしつこく言ったために、逆ねじを食らわされたとか、境界付近にいつもゴミを捨てているとか、いろいろなことが常に引金になります。

ただ、必ず誰もが考えることは、それを問題としたら、相手方はどう反論するかということです。相手方が反論してきたときに、それでも通ると原告が考えた場合にしか、原告は裁判を起こさないのです。ですから、裁判というのは非常に形式的なことについて起きるのです。

形式論理ではあるが、これでは相手方は絶対文句を言えないだろうとか、相手方がいくらいろいろな事情を言ってきてもこの場合は通るだろう、という感じの材料を選ぶわけです。昔からそういう不満があったために、くすぶっていたことには間違いないのですが、それを火種として新たな紛争が起きてくるのです。

仮に、一例を挙げますと、隣の人のピアノの音がやかましくて耐えられないという人がいるとします。その人は、隣に行って、「ピアノを弾くのをやめてくれ」と言いたいのですが、もしそう言ったときに、隣の人から「ピアノを弾いたらいけないという法律でもあるのですか」と言われたら、反論できるだろうかと考えます。反論できなかったら、みじめに引き下がることになりますし、かといってこのまま黙っていることも腹の虫がおさまりません。このとき、その人は、先代から相手方が占有している土地の中に自分の土地が入っていると聞かされたことを思い出します。あの時は今さら土地のことを持ち出して喧嘩をしてみても気まずくなるからと思ってそのままにしていたけど、もう我慢できない、境界の点は証拠があるから相手は反論できないだろう、これで裁判を起こしてやろうという気持ちになります。

この例のようなことは割にあることで、長年安定した隣人関係にあったのに、突然、訴訟になったという場合は、このように真の狙いが別にあると考えねばなりません。当事者の言い分をよく聞きますと、当事者の真の狙いが分かりますので、前掲のケースのような場合は、夜八時以降はピアノを弾かないというような条項を加味しますと、境界の点も円満に合意に達することができるのです。

保証人が過去に主債務者に代って支払いしていてもこれまで何も言ってこなかったのが、時効直前に突然求償請求してくるとか、親族間で忘れられていたような古い債務を突然請求されるというのも同様です。ですから、被告が原告になにか不義理をしていないか、原告はどういうことに一番頭に来ているのかということをまずさぐる必要があります。

前にも述べましたが、裁判が見知らぬ人同志の間で起こるというのは、たまたま交通事故で車がぶつかったから原告と被告になったというようなケースを別にしますと、極めて例外的です。普通は、その人を信用したからこそ、お金を貸したり、保証人になったり、従業員として会社に雇ったりするわけですから、信頼関係のある当事者の間で裁判が起こるのが原則です。ですから、その人の心の中にいろいろな屈折した感情があるのですから、その心理状態ということを常に考えておいて、なにが真の紛争原因であったかを考えるようにしないと、当事者が納得する本当の解決はできません。

### ⑦ 具体的な話し方を工夫すること

当事者に対する話し方を工夫することも大切なことです。当事者は、裁判官の前に出るということで大変緊張しています。裁判官の一言一句に過敏に反応しますし、いろいろな人からいろいろなアドバイスを受けていて、中には裁判官との想定問答を考えて来ている人もいます。ですから、この緊張を取り去り気分を和らげるようなことも必要になります。

私は、「今日は良い天気ですね」とか、「遠路大変だったでしょう」とか、事件と関係のない事柄から入ることもありますが、これは緊張した当事者の気分を和らげるためには有効で、決して無駄にはなりません。

なぜこのような方法が成功するかといえば、普通の当事者は、裁判官は真面目で法律的なことばかり考えていると思っていますから、そのような挨拶があるとは予想していないのです。予想していないことをいわれると、当事者は混乱しますが、そのことが緊張や裁判所に対する構えをなくさせるからです。

当事者との距離も中立というより、原告と話しているときは、原告寄りに一歩近づき、被告と話しているときは、被告寄りに一歩近づくことが必要です。そして、最初は、当事者の言い分を受容するように聞くべきです。関心を持って聞くことが重要ですが、当事者の側から見ても裁判官が関心を持って聞いていることがはっきり見えるようにすることがポイントです。

ときどき、「本当にそんなことがあるのかな」とか、「相手はそれほど悪い人じゃないのじゃないの」と疑問を挟むことが効果的です。このときに当事者がいろいろと述べて強く反発してきたら、そのエネルギーに押された形で「そうなのかなあ」と自然に引き下がるのが基本です。

当事者双方の言い分や見とおしを聴取した後は、事件についての裁判官の考え方や見とおしを説明したり、和解へ向けて対話することになりますが、何事も当事者に分かりやすく説明することが大事です。格言や俗言、たとえ話なども有効な説得法になります。

当事者、事件にはそれぞれの顔があり、個性がありますから、その人柄や事件の筋などをみて、臨機応変に対応することが必要です。裁判官自身にも個性がありますから、人真似ではなく、自分の言葉で親身に語らねば、当事者の心に響きません。

昔から人生を考えさせる材料となる古典の話も参考になります。例えば、韓非子に余桃の罪という話しがあります。

むかし、弥子瑕《びしか》は衛の君に寵愛されていた。衛の国の掟では、無断で君の車に乗った者は、足斬りの刑に処せられることになっていた。たまたま、弥子瑕の母親が病気になって、その夜、ひそかに弥子瑕にそれを知らせにきた者があった。弥子瑕は君命といつわって、君の車に乗って見舞いに出かけた。君はあとからそれを聞くと、りっぱなことだとしてこう語った、「孝行なことだ。母を思うあまり、足斬りの刑さえ忘れてしまったのだ」

また別の日のこと、弥子瑕は君と果樹園に遊んだ。桃を食べてうまかったので、それを食べつくさないで、食べかけの半分を君に食べさせた。君はいった、「わしを深く愛しているのだなあ。自分で食べたいのをおさえて、わしに食べさせてくれたのだ」

さて、弥子瑕は、その容色も衰え寵愛も薄くなってから、君のお咎めをうけることになった。君はいった、「こやつは、前にはわしの命令だといつわって、わしの車に乗り、そのうえわしに食い残しの桃を食わせおった」。もともと、弥子瑕の行動は、初めと変っているわけではない。しかし、以前に褒められたそのことが、のちにはかえって罪に問われるというのは、つまり君主の愛と憎しみとの感情の変化によるのである。

だから、君主に寵愛されていれば、こちらのちょっとした機転でも、君主に気に入られてますます親しまれるもととなるが、君主に憎まれていれば、こちらでわずかの見当違いを犯すと、処罰されてますます遠ざけられてしまう。そこで、君主に諫言し弁説しようとする人物は、君主の愛憎のありかたをよくよく見定めたうえで、説得するようにつとめなければならない（町田三郎訳注『韓非子上』第一二説難篇七・中公文庫一七九頁・一九九二年による）。

この話は、君主の感情の変りやすい点を主眼として述べているのですけれども、感情の変りやすいということは君主に限らず、普通の一般人にもよく起ることです。全く同一の行為でも時と場所によって違って見えるということは普通にあることです。自分が善意でやったことも他人に善意で取られるという保証はなく、最初は善意だと思ってくれても後で感情が変化して、悪意でやったと憎しみの対象になったりするということをこの話はよく分からせてくれます。

こういう話をしながら現実の事件に戻りますと、当事者の方も、相手方に悪意がなかったとしても自分の行為を悪く取られるということがあることが実感として分かります。こういう話は事件に直接関連するものではありませんが、ちょっとした間《ま》になるとともに、事件だけでなく、裁判官と人間的にふれあう糸口になり、その後の和解に良い影響を与えるのです。

### (3) 説得技術の基本型

当事者が客観的な基準によらずに自分に都合のいいようにしか主張しない場合に、これを説得する方法として私が開発したものに「子供名義の預金」という説得法があります。これは、あなたの主張は、子供名義の預金と同じで客観的ではなく自分に都合のよいようにしか言っていない、ということを分からせるためのものです。

子供名義で親が預金するということはよくあることですが、このときの親の意思はあいまいなものです。自分のものだと一応は思っていますが、将来は子供にやるつもりであったりして、はっきりしません。このあいまいな気持ちが、あるときは自分のものと言ったり、あるときは子供のものだと言ったりして、その場かぎりの都合のよい意見を言わせるのです。

やり方を言いますと、まず、「あなたが子供名義で預金をした場合、この預金は誰のものですか」と聞くのです。「私が金を出したのだから、私のものです」と普通答えます。そこで、「では、その子供名義の預金をあなたの債権者が差し押さえてもそれでよいのですか」と聞きます。そうすると、「いや、それは困ります。子供名義にしたのですから、子供のものです」と答を変えます。それで、「では、子供の債権者が差し押さえるのならそれでよいのですね」と言いますと、今度は、「いや、それは私が出したものだから私のものです」と最初に戻ってしまうのです。

この子供名義の預金の例は、普通の一般人は自分が差押えを受けたくないために、あるときは自分のものだと言ったり、あるときは子供のものだと言ったりして、その場限りの自分に都合のいいことを言うことがあるということを、当事者が自分自身で納得してもらうのに効果があります。立場や状況が違うと見え方や考え方が違ってくるのが普通だということを自分で納得してもらうということは、相手方の行動を理解する余裕を取り戻すことにもなり、和解を進める上で有用です。このように、本人に納得してもらえるように説明することが大事なのです。

### ⑧ 和解の長所を説き、良い和解案を出すこと

当事者は、裁判官に和解を勧められ、和解をするかしないか迷います。このような場合、当事者になぜ和解をした方がよいのか、当事者のためになるのかを説得しなければなりません。

和解と判決の具体的な違い、和解条項が履行されなかった場合の執行方法、和解が成立しなかった場合の裁判の進行の見とおしなど、当事者が不安に思うことについても十分に説明することが必要です。

最大のポイントは、和解を成立させることの長所を説くことになりますが、前に和解の長所を述べましたが(一四頁)、これが本当に自分のものになっていますと、当事者に対する説得力も増加します。また、和解の長所を抽象的に説くだけでは十分ではなく、和解案としても内容の優れた案を出すことが必要です。そのためには、当事者双方の言い分を十分に聞き、当事者双方の希望をできうる限り満足させるような案を考えることが大事です。前にも触れましたが、一個のオレンジを争った姉妹に対して皮と実に分けて与える案（五五頁）は、優れた案だといえるでしょう。

私は、自分がこれまでやってきた和解案の中で、これは良かったというものを類型化するようにしてきましたが、それは後の和解案の類型のところで具体的に説明したいと思います。

## ⑨ 相手の逃げ道を用意し追い詰めないようにすること

和解をするに当たっては、当事者を追い詰めてはいけません。仮に、本人が嘘をついているなと思っても、「あなたは嘘つきだ」というようなことは言ってはいけません。また、「絶対にあなたが間違っている」とか、そのようなことも言わない方がよいと思います。必ず相手の逃げ道を用意するようにし、顔をつぶさないことが大切です。

孫子の兵法にも、「囲師には必ず闕き、窮寇には迫ること勿れ。此れ用兵の法なり」(包囲した敵軍には必ず逃げ道をあけておき、窮地に追いこまれた敵軍は苦しめてはならない。これが戦いの原則である)とあります(町田三郎訳注『孫子』第八「九変編」二・中公文庫五六頁・一九七四年による)。まして、当事者は敵軍ではないのですから、なおさら追い詰めるようなことは、絶対にしてはなりません。

私の経験では、当事者の言っていることに対して、直接的に「信用できない」と言うことは、余り好ましくありません。それよりも、「真実はあなたの言うとおりなのかも知れないが、相手方の主張や証拠などからみると、裁判官としては、あなたの言い分をそのまま採用するわけにはいかない」、と言う方がよいように思います。

「相手を叩き潰してやる」とか、「殺してやる」とか、激しく相手を攻撃する人がいます。このような場合は、「そのような考え方は間違っている」と、はっきり言わなければなりませんが、逃げ道は用意しなければなりません。

この場合、私は、「なるほどあなたの話を聞いてみると、あなたのような気持ちになるのも心情としては理解できる。しかし、そういうことをすることは、私は許さない。もし、あなたがそれをしたら、警察に捕まえてもらい、罪の償いをしてもらう」というように言います。相手の言っていることが、どんなにひどいと思われる場合でも、そのように言いたくなる心情については理解しなければなりません。それが相手を追い詰めないということにもなるのです。

この相手を追い詰めない説得法を、要件事実にたとえて説明してみましょう。

原告の請求に対して、被告が争う方法には、その請求原因を否認する方法と請求原因を認めて抗弁を主張する方法とがあります。この後者の抗弁を主張するという方法を説得法で応用しますと相手を追い詰めない説得法となり、非常に効果があるのです。

「あなたの言うことは間違っている」という否認型では、まず、説得できません。「あなたのいうとおりだとしましょう、しかし、こういう事例を考えるとうまくいかないのではないですか。先程の子供名義の預金の例のように、あなたのものであるとしたらあなたの債権者が押さえてもよいですね。それは困るというのなら、最初の考え方に問題があったのではないですか」というように説得します。私は、これを抗弁型説得法と名付けているのですが、相手を追い詰めることなく説得できる方法です。

## ⑩ 現地を見分すること

「百聞は一見に如かず」と言われますが、現地を見分すれば当事者の主張がよく理解できますし、良い和解案を出すための資料を収集することもできます。また、当事者は、現地を見分していない裁判官に対しては、本当のことが分かっていないのではないかと信頼してくれません。現地を見なければ、本当のことは分からないし、正しい判断はできないのだと思っているのです。

ですから、検証であれ、所在尋問であれ、現地和解であれ、とにかく裁判官が現地を見分すれば、当事者は裁判官に信頼を寄せ、裁判官の言葉に耳を傾けてくれるようになります。また、現地に行き、当事者と雑談すると、いろいろなことが分かります。紛争の真の原因が分かることもありますし、現地に即した実行可能な案を作ることもできます。

以前の判例タイムズの「和解技術論」では、「不動産事件については現地を見分すること」としていましたが、今回は、不動産事件という限定を外すことにしました。不動産事件で現地見分が必要なのは当然ですが、その他の事件でも現地へいくことが解決の鍵になることを何度か体験したからです。

一例をあげますと、整理解雇事件で工場の一部閉鎖の当否が争われているときに、現地の工場を被解雇者とともに現状を見分し、復職が困難な状況を共通の理解とすることができ、その後、円満退職するということで全面的に解決をしたことがあります。どんな事件でも現場や現物がある場合は、これを見分するということは、裁判する上での第一の基本なのです。

## (4) 説得技術の応用型

以上が、私の考えている説得技術の基本型ですが、これを十分にやっても成功しない場合には、応用型を使うことも必要になります。しかし、応用型が成立するのは、裁判官が基本型を十分にやった場合だけだということを、絶対に忘れてはなりません。裁判官の熱意、誠意という地道な努力の後でこそ、応用型という方法で当事者を説得することが可能になるのです。そういうことをしないで、最初から応用型を使ってもうまくいきません。

私にいわせますと、応用型というものは、基本型の味を引き出す香辛料のようなもの（例えば胡椒）です。確かに、それを料理にかけますと料理がおいしくなるのですが、香辛料だけを食べてみてもおいしくないだけでなく、かえって体に悪く有害です。

### ① 基本型と逆の方法をとること

最も単純な応用型は、基本型と逆の方法を採ることです。「押してもだめなら引いてみな」という言葉があるように、これまでやっていた方法で効果がなかったら、反対のことをしてみるとうまくいくことがあるというのは、私達が経験的に知っているところです。

基本型の第一は、「当事者の言い分をよく聞く」ことですから、逆に「当事者の言い分をよく聞かない」ことが応用型の第一ということになります。しかし、この方法は当事者の言い分をよく聞いた後にやってこそ意味があるのであって、最初から当事者の言い分を聞かないでよいということではありません。このことをよくわきまえておかないと大変なことになってしまいます。

「誠意をもって接する」ことが基本型の第二ですから、「クールに突き放す」ことが応用型の第二になります。同様に、「熱意をもって粘り強くがんばる」ことが基本型の第三ですから、「早い段階で切り上げる」ことが応用型の第三になります。以下、大体同じ要領です。

これらの応用型に共通するものは、基本型が裁判官と当事者との距離を近づけていたのに対し、逆に当事者との距離を遠ざけているということです。このことは、当事者と裁判官との距離の遠近が、微妙に和解の手続に影響を与えることを示すものといえます。

ですから、和解を試みるに当たっては、事件の筋、当事者の人格、感情、裁判官の個性なども勘案し、もっとも適切な当事者との距離を決める必要があります。ただ、最初に和解を試みるときには基本型でなければなりません。それをやってみてもうまくいかず、どうしてもしっくりしないときには、今度は当事者との距離を変えてみるのです。

基本型と逆の応用型をやってもうまくいかないときは、和解の試みをいったん打ち切り、しばらくの間、弁論や証拠調べをした後、もう一度基本型に戻って、再度和解の試みをしてみることが良い方法になります。このように、いろいろと粘り強く頑張ることです。

## ② 裁判官としての職務を強調して強く出ること

これは、正面から強く出て、相手の最も強い防御を力で突破する方法です。バレーボールでいえば、前衛の堅いブロックを突破する強烈なスパイクのようなものです。力が強い裁判官の場合、最初からこの方法で相手を完封したいという誘惑にかられる人も多いと思います。

しかし、私は、このような強烈なスパイクは、使わないで説得するにこしたことはないし、まして和解は勝負事ではなく、裁判官の満足よりも当事者の満足が第一ですから、原則として使わないようにしています。たとえ、同じ内容の和解案であっても、裁判官から押しつけられるより、自分で納得して合意した方が当事者にとって満足度が大きいというのが、わたしの基本的思考だからです。

でも、時と場合によっては、この例外的方法も使います。それはどのような場合かといいますと、当事者の相手方に対する反発、不信が余りにも強烈で、その感情をもろに激しく裁判官にぶつけてくる人に対してです。この場合は、当事者のエネルギーがあまりにも強烈なため、裁判官としても軽く受け止めることは困難です。しかし、このまま押し切られてしまったのでは説得することは到底できません。このような場合、私は例外的に強く出て、当事者の主張と裁判官の職務が両立しないことを理由として、「私は、裁判官としての職務を全うするために、あなたの見解は採らない」とはっきり言うようにしています。

一例を挙げますと、前に、代理人を抜いて社長、組合委員長と私がトップ会談を重ねて争議を解決した事例を紹介しましたが（四四頁）、その事件がなぜ三〇〇日の大争議になってしまったかと言いますと、その会社は総評系の組合と同盟系の組合との対立が激しく、双方の組合が相手方組合の幹部の解雇を要求し、前社長が双方の組合に相手方組合の幹部の首を切ることを約束したことが発端でした（現在は連合と全労連の時代で、総評も同盟もありません）。

会社は、同盟系の組合の幹部をまず解雇したのですが、仮処分で労働者の地位保全が認められました。そこで、会社は仮処分を争うことなく、解雇を撤回し、被解雇者の復職を認めたのです。ところが、総評系の組合は、この会社の措置に納得せず、約束不履行であるとして会社を追及し、争議となったのです。

総評系の組合員は、約束を守らない会社が悪いと言って強烈に頑張りますので、私は、「他の組合に干渉するようなことはタブーだ。私は裁判官だ。同盟が総評の組合員の首を切れと言ったら、私は身体を張ってでもあなた方を守ってやろう。しかし、あなた方が同盟の組合員の首を切れと言ってきても、私は同じように身体を張ってでも同盟の人を守ってやる。あなた方が大事にしている会社との約束は、妾契約と同じで法律上は全く無効だ」と強く言いました。すると、組合員は、「私たちは妾契約と同じようなもので三〇〇日もやってきたのか」と愕然として、従来の強烈なエネルギーが消え、和解の糸口がつかめたのでした。

このように、相手のエネルギーが強烈な場合には、このまま押し切られてしまうか、相手の方に引き下がってもらうかは大変な違いで、まさに天王山です。この方法も誤って使われると効果はありません。基本型を十分にやり、裁判官の熱意、誠意を当事者が十分に分かった後だからこそ、裁判官が職務を強調して強く出ても、相手の反感を買うことがないのです。

### ③ 当事者の意識していない困ったことを指摘すること

これはちょっと変わった説得法です。先程のバレーボールの例でいえば、相手のブロックをかわしてフェイントをかけるような感じになります。

ことわざの中に「知らぬが仏」というのがありますが、知らない人は強いものです。人間というのは将来のことが分からないから平気で暮らせるのですが、将来の危険などを知ってしまうと不安でたまらなくなり、弱い人間になってしまいます。知らないでいた方が幸せなのに、それをわざと教えて不安にさせてしまうというのは、本当に親切なのか、親切の押し売りではないのかという問題がありますので、私は、相手が必要以上に頑張るような場合にしか使わないようにしています。

一例を挙げますと、中小企業の経営者が相当と思われる和解金の支払いに同意しない場合に、「あなたは銀行からお金を借りていませんか。そういう場合にはくやしいけれどあまり頑張れませんよ。銀行に対しては他から預金や担保物件の差押えを受けたときには期限の利益を失って債務の全額を一時に支払うという条項が入っているでしょう。あなたのようなケースで差押えをされたため、銀行から債務の全額の支払いを請求されつぶれた人もいますよ。私だったらくやしいけれど知らぬ顔をして支払いますね」と言いますと、たいていの人は、そうなったら大変だということで和解が成立します。

この説得法が以外に効果的なのは、普通の人なら受け入れてくれるような常識的な和解案に対して、「ああだ、こうだ」と言って頑張っている人というのは、お金に汚いといったら言い過ぎですけれども、お金にかなり厳しい人が多いので、逆にこういう説得に対しては弱いのです。

### ④　間《ま》を置くこと

当事者に対する説得が思うようにいかない場合、間を置くということは大変良い説得法です。人と話す場合、相手がなかなか応じてくれないときに、理詰めで押してねじふせてしまいたいという気持ちになるでしょうが、これでは人を説得することはできません。

相手を追い詰めてしまって、ノーということを言わせてしまったらおしまいです。その人は、いったんノーと言った以上は行きがかり上、なかなかイエスとは言ってくれないからです。前述したD・カーネギーの、「人を説得する十二原則」の中にも「イエスと答えられる問題を選ぶ」というのがありました。これは、表から見るか、裏から見るかの違いで、言いたいことは全く同じです。

このように当事者に対する説得が思うようにいかない場合、中途半端な状態で止めて置くことが肝要です。勝負事でも上手な人は形を決めません。和解でも同じです。当事者がノーと言いそうな状況であれば、世間話などの雑談に持っていったりして話題を変え、ノーというような話題を避けることです。そうすれば、当事者の方もノーと言うことができません。

説得の途中であれば、しばらく考えて貰うことにして、相手方と入れ代わって貰うことも良い方法です。待ってもらっているうちに、当事者は、裁判官の言うとおりにした方が良いのではないかと考えてくれるものです。話を打ち切り、和解期日を次回に続行することも良い方法です。和解をいったん打ち切って証拠調べをしたりすることも効果的です。

要は、当事者が自発的に和解する気になることが大事であって、間を置けば当事者は冷静になって裁判官が言ったことを考えることができますから、間を置いた後に説得を再開すれば、成功する確率も高くなるというわけです。

**⑤ 発想法を転換すること**

今まで述べた説得法を全部使っても、全部の事件が和解ができるわけではありません。しかし、それであきらめてはいけません。まだ望みはあります。それは発想法を転換して、新型を発見することです。そのためにはいつも頭を柔軟にしておかなければなりません。

「押しても駄目なら引いてみな」ということは前にも言いましたが、押しても引いても駄目な場合でも、あきらめてはいけません。仮に、ドアに鍵がかかっていて、押しても引いても駄目な場合でも、発想法を転換すれば、叩き破るとか、上を乗り越えるとか、下に穴を掘るとか、いろいろ方法はあるわけで、「何か解決法はあるはずだ」、「答は必ずあるのだが、現時点では発見できていないだけだ」という気持ちで頑張らねばなりません。

私が応用型として述べているものの中には、発想法の転換で成功した例が多く入っているのですが、ここでは、別の発想法の転換の例を二つ紹介します。

一つは、妻が浮気をして家出し、離婚になり、夫の方から別れた妻に慰謝料を請求するという事件でした。事実関係はほぼ争いなく、金額は別として夫の方が勝訴確実な事件でした。私は、いくらかの額を被告の方に支払わせて和解させようとしたのですが、被告は、「自分の方は悪くない。かえって慰謝料を貰いたいくらいだ」と言って強烈に突っ張り、どうしても和解に応じてくれません。そして、「私は何もかも捨てて家を出たのに、私に対して裁判をあの人が起こしてくるのは、私を苦しめるためだけにやっているのだ」と言いました。

私は、この言葉を聞いて、判決をしても何の解決にもならない、夫は妻からますます憎まれ、軽蔑されるだけだ、何とか判決をしないで解決できないのか、と思いました。その時、ひらめいたのが、和解がだめなら取下げしかないということでした。

そこで、私は、被告に、「私は、原告に裁判を無条件で取り下げるように頼んでやろう。もし、原告が取り下げると言ったら、あなたは心から感謝して、原告はあなたを苦しめるためにだけ裁判をやっているのではないと分かって下さい」と言って、原告に取下げを頼んだところ、原告は快く承知してくれました。

私から、原告が無条件で訴えを取り下げると言ったと聞いたとたん、被告は思わず大粒の涙をボロボロと流し、「私が悪かった」と言いました。私は、被告のこの様子を見て、原告は訴えを取り下げることによって、別れた妻の涙という最大の勝利を得たのではないかと思い、互いにいたわり合う別れた夫婦の姿を見ているうちに、自分ながら感動しました。

もう一つの例は、夫婦で財産の帰属を争っている場合の発想法の転換の例（死因贈与型）です。夫婦が離婚はやむをえない状態だが共に子供に愛情があり、死後は子供に不動産を残したいという場合があります。離婚して、財産が夫婦の一方の名義になると、共に再婚の可能性があり、再婚後死亡しますと、新しい配偶者やその配偶者との間の子供に財産が相続されることになり、なかなか合意できません。このような場合、意外に有効なのが死因贈与で仮登記を付けるという方法です。例えば、夫が家を取り、一生そこで暮らすが、死後は妻が引き取った子供にその家を取得させたいという場合は、夫が家を取得するとともに子供あてに家を死因贈与し、その旨の仮登記を付ける内容の和解をするのです。そうすれば、死後その子供が家を取得できることが保証されますので、夫の生存中は家の所有権が夫に帰属する条項を妻は受け入れることができます。

# 五　和解案の形成方法

## (1)　基本型

### ①　当事者の希望をよく聞き、相手方に伝えて相互に調整し、合意させること

当事者の希望をよく聞き、相手方に伝えて相互に調整すること、何といってもこれが基本です。当事者とキャッチボールを繰り返しているうちに自然に和解が成立していくということが理想です。もちろん、裁判所における和解ですから、裁判官は、証拠調べをした心証、判例、学説などを考慮し、それなりに和解案について見解をもっているのですが、それを押しつけるようなことはせず、当事者との対話を繰り返していくうちに、見えざる手に導かれて裁判官の考えている妥当な和解案に自然に近づいていくということが一番良いのです。

当事者とのやりとりは裁判所に出頭してもらってやるのが当然の原則ですが、私は、現在では、期日間の進行管理として、書記官に協力してもらい、ファクシミリを活用して双方の意見を聴取したり、裁判所の意見や和解案を伝えたりしています。ファクシミリを利用すると、早期に意見の交換が出来ますので、実質的に期日を開いたのと同様の効果があり、和解促進に大変有効です。

当事者の対立が厳しかったり、相互不信が強いと裁判官がかなりリードしないと双方が土俵に乗らなくなってしまいます。このように対立が厳しい場合には細部に渡って合意を取ろうとするよりは、とにかく双方が土俵に乗りさえすればよいというぐらいの気持ちでやることが大事です。そして、無理に合意させようとせずに、次で述べる職権案を出すようにします。

**② 合意が困難なときは職権で和解案を出すこと**

裁判官が当事者双方に対し、調整の努力をしても合意に達しない場合には、今度は裁判官の方から積極的に職権案を出すことが大切です。職権案は、明確な案を単純に出すことが基本です。もっとも、弁論終結後の和解案のように、後が判決しかない場合は別として、それ以外の場合ではたとえ失敗しても次の和解のチャンスがありますので、次につながるような和解案を出すという視点も必要です。当事者双方がそもそも土俵に乗ってこない場合は、和解の方向とか大筋だけを出して、ともかく双方を土俵に乗せることだけを目的とする案を出すこともあります。

案を提示するに際しては、当事者双方が人間であるためにいろいろな感情を持っていること、口で言ってることと内心の意思が食い違っていることはままあるということを忘れてはなりません。このために、裁判官の和解案についての考え方が正しくとも、和解案を出す手順が前後しますとうまくいかないことも多いですから、案の出し方ひとつにも工夫が必要です。

職権案を作成することがそもそも難しいこともあります。こういうときは職権案作成以前の段階に戻って当事者の希望案の提示や調整のしかたを工夫する必要があります。これらを工夫してみたのが次の応用型です。

## (2) 応用型

### ① 幅のある案を出して形を決めないようにすること

裁判所が当事者に案を示したり、自分の考えている案に近づけようとする場合には、具体的に定まった案ではうまくいきません。最初は、「一〇〇万円から二〇〇万円ぐらいではないでしょうか」というように、ゆるく幅のある案を示すことが大事です。

私は、和解のやり方についても、釘を打つときの心構えが大事だと思っています。四隅に釘を打つときに、四本を同じように少しずつ打ち込んでいかないとうまくいきません。一本だけを完全に打ち込んでしまって、後で他の釘を打ちますと、板が割れたりします。和解も同じで、形を決めてしまってはうまくいきません。

また、最初は少しだけ動けばよいという考え方も非常に大事です。一発で全部決めてしまおうという発想法は、余りよいとはいえません。たとえわずかでも動くということ、譲歩するということ、これは大変な成果なのです。

自動車を発進させることを考えたら、このことがよく分かります。自動車というのはトップギアでは発進できません。どんな自動車でも最初はローギアで少しだけ始動するのです。すこしでも動けば、しめたものです。時速一キロメートルであっても、静止していることとくらべたら、あきらかに質的相違があります。一キロメートルと一〇〇キロメートルとでは、一見一〇〇倍も違うように感じられますが、質的相違はなく単なる量的相違に過ぎません。ですから、なるべくゆるい案から始めて、当事者をわずかでも動かすことを目標としてスタートすることが大事です。

私は、「一対二の理論」と自分で名づけているのですが、当事者の対立が一〇〇万円から二〇〇万円、五〇〇万円から一〇〇〇万円というように、当事者双方の対立が一対二の範囲内であれば、裁判所が職権案を出せばまず決まります。しかし、当事者の対立が一対二以上に開いてしまうと、職権案を出してもなかなか決まりません。ですから、このようなときには、双方の対立が一対二の範囲内におさまるように、粘り強く説得を継続することの方が大事になるわけです。

## (2) 応用型

以上述べたところは、判例タイムズの和解技術論と同様なのですが、その後、いろいろな事件を担当して、一対五以上開いているケースにも数多く遭遇するようになり、単純に一対二までもっていくことが難しく、また時間がかかり過ぎるという経験をするようになりました。かなり、開いていても、交通事故や離婚の慰謝料のようにいわゆる相場がある場合にはそれによる説得が可能ですが、そうでない場合はうまくいきません。

そこで、こういう場合のやり方として新型を開発しましたので、紹介することにします。一〇〇万円と一〇〇〇万円というように一対一〇に開いているケースがあったとします。こういうしかたの提示は、当事者双方は本気で和解交渉しようという提案ではありません。当事者双方とも自身が考えている落ち着きどころと自分の提案が掛け離れていることをよく知っており、相手が応じることはないことを承知しているのです。この場合、双方に譲歩を促してもせいぜい二割程度しかしません。

こういう場合、私は、「双方の提案は現実から離れており、和解はうまくいかない。裁判官の立場から見た一応の線をいうから、これを参考にしてくれ」と言って、おおよその金額を示すのです。このときに、まず、双方の金額の大きい方を半額に、少ない方を倍額にします。そうすると、五〇〇万円と二〇〇万円となります。これでもなお倍以上開いていますので、さらに半額と倍額にします。そうすると二五〇万円と四〇〇万円ということになり、原告主張額と被告主張額が逆転します。逆転以前の額の双方の額を足して二で割った額と逆転後の双方の額を足して二で割った額の範囲を一応の額として示すのです。このケースでは、逆転前の足して二で割る額は三五〇万円で、逆転後の足して二で割る額は三二五万円です。ですから、三二五万円から三五〇万円というふうに緩く提示して、その後に交渉を継続するのです。

この金額は、意外に当事者の考えている線に近く、双方が本音で交渉するようになります。こういうやり方が成功するというのは、当事者双方が無意識のうちにそれなりに自分で事件の見とおしを持ち、それに基づいてアバウトに自分の提案を何倍かにしたり、何分の一かにしているからだと思うのです。かなり吹かっけている金額のように見えても、当事者の主張するその額にはなんらかの根拠があると受けとめ、それを修正して和解案に反映させるように努力するのです。

このやり方を家事調停委員の方が遺産分割事件の家事調停で使って、成功した事例として紹介されたものがあります（平柳一夫「遺産分割事件における家事調停委員の実務」ケース研究二四八号一五五頁・一九九六年）。こういう報告に接しますと、本当にうれしいものです。



**② 複数の案を出し、当事者に選択させるようにすること**（選択型）

当事者に和解案を提示するときに、案を一つだけ出すのではなく、分割払い案と即金案というように複数の案を用意し、当事者に選択してもらうということは良い方法です。当事者が複数の案の中から一つの案を選ぶという行為の中に自分の主体性を自覚し、裁判所から案を押しつけられるという気持ちをなくさせてしまうからです。

一例を挙げますと、ある事件で、原告は八〇〇万円を要求し、被告は四〇〇万円の支払いを希望したことがありました。この場合、「足して二で割る理論」を使いますと、勧告案は六〇〇万円ということになるのですが、私は、七〇〇万円の分割払い案と五〇〇万円の即金案の二つを用意しました。原告の方は七〇〇万円の分割払案を選択し、被告の方は五〇〇万円の即金案を選択したのですが、その後の話し合いの続行により結局七〇〇万円の分割払い案でまとまりました。

この場合なぜまとまるのかと言いますと、七〇〇万円の分割払い案と五〇〇万円の即金案とでは、実質的な差は少なく、一方の案を選択して受け入れることが可能であれば、他方を選択することも可能だからです。ですから、実質的には六〇〇万円の案を示したことと大差はないのですが、選択肢を二つ用意し、当事者がどちらの案が良いのかを考えながら案を選択しようとするプロセスを導入したことが、当事者に主体性を自覚させ、実質的対話を促進させる効果をもつのです。

また、裁判官が複数の案を示すということは、和解案そのものがいくつもありうるという視点を当事者に呼び起こしますから、当事者の方からもいろいろな対案を提案していくということが容易になり、真の対話に近づくことになるのです。

これに対して、案が一つだけですと、当事者はこの案を呑むか呑まないかのどちらかを裁判官から迫られているという受身の深刻な気持ちになってしまい、真の対話はできなくなるのです。もちろん、確定した一つの案を当事者に示し、深刻に受け止めてもらわなければならないような局面もありますが、普通の局面では、複数の視点をもって弾力的に対話をする方がうまくいくことが多いと思います。私は、解雇事件においても、復職案と退職案とを複数用意し、相互にからませながら和解手続を進めていくこともあります。

## 応用的選択型

以上述べたやり方は、選択型の基本です。この基本的選択型を、裁判所が案を出すのではなく、当事者の一方に複数の案を出させ、相手方に選択させるように変化させますと応用的選択型とでもいうべきものが生まれます。

一例を挙げますと、ある土地を平等に分割する合意はできたが、そのやり方で意見が一致しないというケースがあります。土地が単純であればまだしも、土地が変形で、道路が一面にしか接しておらず、面積を平等に分けただけでは公平といえないような場合などは、鑑定をしてみても正しい線は引けませんから、裁判所が具体的な案を出すことは不可能です。

では、方法はないのでしょうか。いや、そういうことはありません。必ず方法はあります。発想法を転換して発見するのです。私が考えたのは、次の方法です。

この場合、当事者双方に、自分が妥当と思う分割案を作成させて、裁判所が良いと思う分割案を採用するのですが、採用された方の当事者には選択権を与えず、採用されなかった方の当事者に好きな方の土地を取る選択権を与えるのです。こうすれば必ず合意ができます。

この方法は、私がオリジナルに発見したものではなく、学生時代に読んだ多湖輝の『頭の体操第二集』(五一頁・光文社カッパブックス・一九六七年)の中に、「二人のけちな酒飲みがいる。形の違うコップが二つだけあり、そのいっぽうに酒がつがれている。この一杯を二人で分けて飲もうということになったが、両方から、ぜったいに文句の出ないように酒を分けるにはどうすればいいか」という問題があったのを思い出したのです。

その答は、「まず、一人が、自分がどちらをとっても文句がないと思うまで、じっくり酒を二つに分ける。つぎに、もう一人が、その二つうち、自分の欲しいと思う方を一つ選ぶ。そして残った方を、はじめの男がとれば、両方から文句の出るはずがない」というのですが、これを和解に応用してみたのです。

なお、この本には、この問題の教訓として、「公平であるという事柄を私たちはつね日ごろ、できるだけ客観的に測ろうとしている。ところが、ここで『文句が出ない』という言葉によって表現されている一種の公平さというものは、この二人の、たいへん主観的な判断によるものである。そうなると、たんに現象を即物的にとらえるだけではすまなくなり、この場合なら、二人の内部世界、気持ちの動きを問題にしなくてはならない。そういうところに、問題を設定する思考の水路が、あなたの頭の中には、あっただろうか」と書かれています。

このやり方は『ハーバード流交渉術』においても、二人の子供が一つのケーキを分けるのに古くから使われている方法として紹介されています。該当箇所には、「私意に振り回されない解決を生み出すためには、実質的な問題点に対する公正な基準か、または対立する利害を解消するための公正な手続きかのいずれかを使えばよい。例えば、二人の子供が一つのケーキを分けるのに古くから使われている方法を考えてみよう。一人が切ってもう一人が選ぶ。どちらも不平を言うことができない」とあります（同書一三二頁）。

判決派の発想からいきますと、このような場合、面積や地価などを考慮して公平な線を引くということになりますが、和解派の発想によれば、面積や地価などを基準とするよりも、この当事者自身の選択による解決が正しい解決ということになります。

**③ 当事者が案に応じなかった場合には追い詰めるようなことはせずに同種の案を代案として出すこと**

当事者が裁判所案に応じなくても追い詰めてはいけません。すぐに、同種の案を代案として出すべきです。同種の案ですから、大勢には影響しませんし、拒否した当事者にとってみれば、裁判官が当初の案を撤回してくれたことで自分の気持ちを通したという満足感と、努力してくれた裁判官に対して拒否して申し訳ないという気持ちとが複雑に混じりあっていますから、次の案が出れば余裕をもって受け入れることが可能になるのです。このように変化する余地を残すためにも案はゆるく幅をもって出さなければならないのです。ガチガチの案を出してしまうと、軌道修正が困難になります。

一〇〇万円と五〇万円の対立のときは七〇万円とか八〇万円で決まるというケースがよくあります。しかし、一〇〇〇万円と一一〇〇万円とか、五〇万円と四五万円とかいうような形になりますと、どちらも「私は十分に譲っている、相手の方が譲るべきだ」と言って、双方に頑張られることがよくあります。この場合はかえって難しくなるのです。

このような局面になることは、分割払いと即金払いの両方で起こるのですが、分割払いの場合は、将来の金利をどうするかという視点を加味しますと、調整が容易になります。当事者双方とも即金を前提にして厳しく交渉している場合は大変難しくなります。というのは、即金というのは局面が非常に単純化するうえに、被告の方も即金を武器にして最大限の譲歩を迫って来るからです。

私は、一一〇〇万円の即金というのが本来の望ましい和解案と思われる場合で、被告が一〇〇〇万円の即金しか応じないと頑張った場合、次のようにします。総額を一一〇〇万円にして、一〇〇〇万円を即金にし、一〇〇万円は一年後というようにするのです。

総額の一一〇〇万円は変えないけれど、一〇〇万円の方は一年間棚上げにするというような案にしますと、一一〇〇万円と主張していた原告の方は、総額が認められたことで、とにかくメンツが立ったということで応じてくれます。

また、一〇〇〇万円で頑張っている被告の方は、普通一〇〇〇万円の現金があるわけではなく、一〇〇〇万円を銀行から借りて来て、早く片づけてしまおうと思っているのですが、いざ金を借りようとすると一〇〇万円の積み増しというのが意外ときついのです。

でも、この一〇〇万円を来年にもっていきますと資金繰りが別になります。一〇〇〇万円の資金繰りと別でよいとなりますと一〇〇万円については毎月いくらかを売上げから積み立ててもよいわけで、可能性が大きくなり、応じることができるようになります。それを裁判官が一一〇〇万円の即金で強引に押そうとしますと、わずか一〇〇万円の違いだと思われるかもしれませんが、金を借りる方のつらさというのがありまして、応じてくれないのです。

このように土壇場で小さなところでもめるケースが結構ありますが、そのときにもいろいろなやり方がありますから、あせることなくいろいろ工夫してやっていきますと、意外とうまくいくものです。なぜうまくいくかと言いますと、前にも述べましたが当事者は口では強く主張していても心の底では早い解決を望んでいるからです。

もっとも、次で述べますように、当事者双方に書面で案を示した場合には、事情の変更がない限り案を変えてはいけません。

**④ 和解案を書面で出すこと**

裁判所が職権案を出すときに、和解案を書面で出すと効果のある場合があります。書面にすることにより和解案の内容が明確になりますので、当事者が裁判所の真意を誤解することもないし、和解案の具体的イメージがはっきり浮かびますし、不満な内容でも丸呑みすれば裁判を終わらせることができるので、泥沼化した事件などでは解決への意欲を助長します。

また、両当事者は同一の書面を受け取るのですから、不公正な駆け引きという危険がないことがよく分かりますので、やり方としても公平であるといえます。

この方式は、一流企業や保険会社が相手の場合にも有効です。というのは、これらの会社は、和解に応ずるかどうかの意思は、本社段階で他のケースに影響を与えるかどうかということが最も重要な問題点として検討され、個々的な解決が妥当かどうかということはあまり考慮されません。ですから、裁判所に出頭している代理人をいくら説得してみても、本社で意思決定する立場にはありませんから、それほどの効果はありません。代理人としても稟議書を書いて会社に出すことは煩わしいためにあまり乗り気にはなりません。

しかし、本社で内部決済されやすいように、また、代理人の稟議書を書く手間が軽減されるように、裁判所が書面で案を出しますと、代理人がその書面を会社へ出せば、裁判所の考えが会社のトップに非常に正確に伝えられますから、決済も非常にやりやすくなり、代理人としても協力する気になってくれるのです。

書面にはとくに書式というものはありませんが、和解案に重みを持たせることが必要ということであれば、弁論調書や和解期日調書に、「次のとおり和解勧告する」として和解案を表示し、これを当事者から正式に謄本として請求してもらえば、書記官の認証文のついた公文書として渡すことができます。こうすれば、公文書ですから、受け取った方もそれなりに和解案に重みを感じ、受け入れ易くなるのです。

和解案は、明確な文章で誤解のないように出すのが原則ですが、臨機応変に形にとらわれずに出すことが必要な場合もあります。和解の方向だけを合意することから出発する場合には、この趣旨の和解をやるとか、裁判所は和解の筋をこのように考えているとか、和解の骨子や指針を示すだけでもよいのです。

問題のない条項は明確な文言にし、金額のみ争いがあるような場合は金額欄だけ空欄にして案を提示し、争いのないところを確定させて、争いのあるところにしぼって交渉して合意を成立させることもあります。こうすると、争点が明確になり、対話が加速されるうえに、裁判の終わりが近いということを当事者に実感させることができ、成立への意欲を助長させます。この型は、和解案の一部を空欄にするので、私は、虫喰い型と名づけているのですが、空欄に最後に合意した金額を書き入れるところが、目を入れるという感じなので、うまく成功してヤッタと快采できるような場合に限って画龍点睛型と呼んでいます。

### (2) 応用型

#### ⑤ **競売等の手続の公平な要素を導入すること**（競売型）

普通の当事者は、自分が金銭を受け取る立場のときには少しでも多く受け取ろうとし、自分が支払う立場のときには少しでも少なくしようとします。これでは受け取るときと支払うときとで算術の仕方が違いますから、到底、交渉は成立しません。このような場合は、当事者双方に通用する客観的視点を用意しなければなりません。

裁判所の競売に参加する人達は、それぞれにその物件を取得したいという動機をもっており、それぞれに評価があると思います。そういう人達が一堂に会して、一番高い値段を付けた人がその物件を取得するというやり方は、それぞれの個人の事情を没却して、全員が納得する客観的方法であるといえます。この競売を正当づける客観的視点を和解にも導入してみようというのが競売型です。

具体例を挙げますと、土地を一〇〇〇万円で買う契約が成立し、手付金を二〇〇万円入れたけれども売主や買主のもろもろの事情で登記や代金の支払いが遅れ、訴訟になってしまったという事例があるとします。このようなケースの場合、売主の方では手付けは流れたと主張し、買主の方では手付けの倍戻しをしろと主張したり、あくまでも登記の履行を求めたりします。

裁判官が和解案を出すとしますと、普通は「一〇〇〇万円で売る契約が成立したのだから、とにかく初めに戻って、売主は登記を、買主は残金八〇〇万円を支払って円満に解決したらどうですか」ということになるのですが、実際にはこのような和解案では、売主は応じてくれません。

不動産が値上りしている場合、売主は、「その当時はその値段でよかったけれども、今では土地の値段が二割くらい上がっており、二〇〇万円追加してくれなければ登記に応じることはできない」といいます。これを買主に伝えますと、買主は、「私は一〇〇〇万円で買ったのであって、絶対に追加は支払いません」と言います。そこで、再度売主に対し、「あなたが土地を売りたくないのなら解約金を支払ったらどうですか。手付金二〇〇万円と値上がり分二〇〇万円の計四〇〇万円を買主に支払ったらどうですか」と言いますと、売主は「とんでもない。どうして値上がり分二〇〇万円を私がつけなければいけないのですか」と言って、交渉は行き詰まるのです。

この時点で発想法を転換します。当事者双方を呼びまして、「この土地の実質的値上がりがどれだけになるのか、私には分かりません。このような場合は、この土地をどうしても欲しいと思う人が相手より高い値段をつけて取ったらどうですか」と言って、買主の追加金と売主の解約金とで、双方を競《せ》らせてみることにしました。この方法ですと追加金と解約金が競りという客観的視点により同一の土俵の中に入りますので、追加金なら高く要求するが、解約金なら低く押さえるという交渉方法は排除され、手続の公正さが保障されます。

私は、これを競売型と名付けているですが、この方法は、隣人間で行われる係争地の紛争にも有効です。普通はどこかで線を引くのですが、係争地全部を双方の競りにかけ、どうしても土地に執着する方の当事者が土地を取り、それほどでもない当事者の方が金銭を取るということで解決できるからです。

## (2) 応用型

民事執行法は競り売り以外に、入札という方法も規定しています（民事執行法六四条二項）。これも合理的な方法なのですから、当事者の合意があれば、前述の事例で妥当な金額を決めるのに入札と同様の方法で決めてもよいのです。私自身はやったことはないのですが、裁判官が入札という方法で長年続いた山林紛争を和解解決したことが法律関係者の間では「ユニークな解決方法」と評価する声が広がっているという新聞記事を読んだことがあります。

要するに、競売型の神髄は、裁判所が具体的な金額を積極的に提示しなくても当事者の対話によって金額が決まっていくというところにあるのですが、その根底には、当事者に真の対話ができるような手続を保障すれば、当事者には自主解決の能力があり、必ず妥当な解決ができるという当事者への信頼があるのです。

以上の説明は、第一版の時には妥当したのですが、現在はバブル崩壊後、デフレスパイラルの真っ最中にあります。不動産の価格が下落を続け、深刻な不況という状況にあり、損失分をいかに配分するかという問題となっており、競売型をそのまま適用してもうまくいかない状況となっています。この場合は、パイが小さくなっていますから、客観的基準による配分や良識ある妥協、痛み分けなどの方が合意が成立しやすい状況にあるのです。競売型はパイが大きくなっているという状況で効果を発揮することは認めざるをえませんが、当事者の自主解決の能力を信頼するという視点から、現在の経済状況下でも使えるように競売型を改良できたらと考えています。

**野球式仲裁型**

私は、まだやったことはないのですが、競売型がうまくいかない場合、レビン小林久子さんが紹介される野球式仲裁をやってみたらどうかと考えています。レビン小林久子『調停ガイドブック』(信山社・一九九九年)九三頁を引用します。

アメリカ野球界ではオーナーと選手間の年俸交渉が行き詰まると、仲裁で解決を図るのが習わしです。しかし、その実施方法は特別で、話合いの最後にお互いに妥当と思う報酬額を仲裁者に提出し、仲裁者がどちらかを選び最終額を決定するというものです。この方法の良さは、あまり身勝手な数字を出すと仲裁者に退けられてしまうため、オーナーも選手も自分の数字を選んでもらうために、ある程度相手の立場を考慮したフェアな金額を出さなければならないことです。そしてそのような金額を算出する過程で、双方が相手方に対する理解を深めることができるのです。これが野球式仲裁です。

これは、かなり効果がある面白い方法であると思います。うまくいく前提として、裁判所が妥当とした金額を選んだ時点で事件が終了する必要がありますので、新民事訴訟法が採用した裁定和解(二六五条)の共同申立てをしてもらうこと、裁定条項の決め方として野球式仲裁の方法を採用することを双方に納得してもらうことが不可欠です。ただ、そうなると、適用できる事件が限られて来ますので、これをもっと軽く、当事者の交渉の場で使えるような簡易なものに改良できたらと考えています。

# 六　当事者の合意の取り方

## (1)　基本型

**○完全な合意を取るようにすること**

当事者の合意を取る場合に、完全な合意を取るようにすることが基本型であることは、説明を要しないほど明白です。そのためには、当事者との間をキャッチボールしていくのですが、何度も言いますように、当事者にはいろいろな非合理的感情があり、理屈どおりにいかないばかりか、交渉には駆け引きがつきもので、当事者の表面上の意思表示と内心の真意とが一致していないことも多く、なかなか裁判官の思うようにはいきません。そのために、いろいろ工夫しなければならず、次の応用型が必要となります。

## (2)　応用型

**①　相手方が裁判所案に応じるのなら自分も応じてよいという条件付きの合意を取るようにすること**

合意が成立するためには、当事者双方の意思が合致することが必要ですが、普通は個別に意思を確かめますので、同時に当事者双方が意思表示をするということはありません。そのために、どちらかが先に意思表示をしなければなりませんが、先に意思表示をする方にしてみますと、相手の意思がはっきりしないうちに自分の方から先に確定的な意思表示をすることは、戦略上相手方よりも不利になるように感じたりするものです。ですから、自分の方が先に裁判所案に同意するということは、普通の人でも抵抗があるものです。

当事者の中には、自分が裁判所案に応じたのに相手方が応じないということは感情的に許せないという人もいます。こういう人は、自分としては裁判所案に応じてもよいと思っていても、相手方が拒否しそうだと思うと、自分の方から先手で拒否することがあります。

ですから、裁判所案を提示して説得する場合、とにかく完全な同意を取ろうと説得するよりも、「裁判所が相手方を説得するから、相手方が裁判所案に同意したらあなたも応じて下さい」と説得する方がうまくいきます。相手方に対しても同様に説得しますと、このような条件付承諾が当事者双方に生ずることになりますが、この場合でも二つ合わせれば完全な合意が成立したものと考えて不都合はありません。

## (2) 応用型

## ②　相手方が裁判所案に応じたときにのみ自分が裁判所案に応じたことが分かる方法を当事者双方に手続的に保障すること（投票型）

この方法は、当事者が具体的な交渉に応じないとか、双方とも建前だけを主張して本音を言わないような、交渉がうまくやれないケースに使います。私はこの方法を投票することで解決しましたので、投票型と名付けました。

ある家が家人の留守中に全焼するということがあり、ある電気製品に出火の疑いがかけられ、その製造元が被告となる事件がありました。和解手続に入ったのですが、このときに被告の代理人から、「被告会社の方は、和解はよいけれども、和解金額の交渉には応じません。いくらまでならよいとか、そういうことには一切応じません」というように言われました。

被告代理人の狙いは、大体感じとしては分かります。いくらかの金額でも支払うと言ってしまいますと、その金額までは被告が責任を認めているという趣旨に相手方に受け取られ、その金額まで支払うことは当然の前提とされてしまい、後は金額を吊り上げられる交渉をさせられることになるだけではないかとの警戒心からだと思います。また、「自分は代理人であって、意思決定は本社がやることだから、自分には一切決定権はない」と言われました。

これでは和解はできません。でもあきらめてはいけません。発想法を転換して、被告の嫌がる交渉の駆け引きを防ぐような方法は見つけられないものか、と考えているうちにひらめいたのが投票型でした。

やり方は、あらかじめ、裁判所が明確な案を書面で用意し、これを当事者双方にに持ち帰ってもらって次回にその回答を聞くのですが、その回答は、裁判所の用意した投票用紙に承諾ならば○、不承諾ならば×、と書いてもらってそれを投票箱に入れてもらうのです。両方とも○であれば和解を成立させますが、一つでも×があれば不成立にして、××であったか、×○であったかは、当事者に知らせることなく、和解手続を打ち切るというものでした。

この方法は、自分が○をつけた場合、不成立であれば相手が拒否したことが分かりますが、×をつけた場合は、相手が承諾したかどうかは分からないところがミソになっています。裁判官自身にもどちらの当事者が○をつけ、×をつけたかは分かりません。

実際に投票してみますと二つとも○が出ました。結果を聞いた当事者双方には安堵の色が顕著で、互いに迷惑をかけましたとあいさつし、大変和やかな雰囲気になりました。

この事件は、当事者双方の対立が激しかったものですから、当初はこれほどうまくいくとは予想していなかったのですが、終わってみて、前にも言いましたように、当事者は適当な時期に解決することを望んでいるということがよく分かりました。

### (2) 応用型

このように、当事者がイエスと言わない場合には、イエスと言いにくい事由があるのですが、このような障害事由を取り除く方法を考えて和解成立に向けて努力すること、これも裁判官の仕事だと思います。とにかくあきらめずにいろいろと工夫することです。どうしたら双方が率直に自分の意思を伝えることができるようになるのか、徹底的に当事者の立場になって考えてみることです。

このような投票型が成功するには、その前に地道な基本型による当事者の対話への努力の積み重ねが必要であることは言うまでもありません。当事者の話をロクに聞かないでおいて裁判官が案を出し、「さあ、投票しなさい」と言っても成功しません。確かに、この投票型は私にとって印象深く、他の裁判官にもこういうやり方があるということを伝えたいのですが、私自身としては、このような投票型を思いついたことにより、かえって地道な基本型の重要性を知らされたのです。

この投票型は、儀式的な要素があり緊張感がありますが、導入するまでの雰囲気作りが結構大変ですから、気楽には使うことができず、通常の事件には向きません。私自身、これまでに二回しか投票型は使っていません。普段は、投票型の狙いを活かしつつ、略式化して、気楽にやれる簡易な方法を使っています。

一つのやり方は、和解案を示したときに、当事者双方に互いの相手方に対しては和解案についての諾否は伝えず、当事者双方とも同意があったときだけ和解を成立させるという条件を付けるのです。これだと、裁判官自身には当事者が同意したかどうかが分かるということでは投票型とは異なりますが、当事者相互の間では分からないということでは投票型と同様となります。この程度でもある程度の駆け引きを防止する効果はあります。

もっと簡略にする場合は、和解案だけ示して、和解を打ち切り、弁論に戻すのですが、和解案に同意する場合だけ裁判所に電話なり、面接するなりして意思を伝えてもらうよう頼むのです。そして、当事者双方の同意があったときは、その時点であらためて和解期日を入れるというものです。

こういう厚かましいやり方は、当然のことながら成功率は低いのですが、和解が難航している場合には、駄目で元々という気持ちで種だけを蒔いておくのです。まれには成功しますし、一方だけが同意してくれたときでも、後は残りの一方だけを重点的に説得すればよいということになり、的が絞れるという効果があります。

## 七 和解案の類型

私は、これまで自分が成立させた和解案を類型化し、自分なりに名称を付けているのですが、こういう類型も、今までに述べた説得技術、和解案の出し方、合意の取り方の基本型を地道にやることによって、初めて効果が出るものだということを忘れてはなりません。

### (1) 基本型

和解案における基本型は、当事者双方の対立を合意にもっていく、最も基本的かつ単純なもので次の三類型です。もっぱら、当事者双方が互いに譲歩する内容になっています。

和解のイメージを互譲中心に考える場合は、この類型の和解案がほとんどですから、当然すぎるほど当然です。合意中心のイメージで考える場合でも、まずは単純なものから入るべきですから、双方が互いに譲歩するものが基本型となるのです。

### ①　期限猶予型

期限猶予型は、期限が来て履行遅滞に陥っている債務者に対し、直ちに履行させようとしてもお金がないなどの理由でできないときに、債務の履行が可能になるように期限を延ばすものをいいます。これは一般にもっとも普通におこなわれているもので、とにかく、時間がかかってもやるべきことはやってもらうという発想によるものです。

### ②　分割払い型

期限を単純に猶予しても一時には支払えないような場合には、債務を多数回に分割して、支払いが可能な金額を少しずつ支払っていくことになります。裁判にまでなるような場合、債務者が金銭的に逼迫しているケースの方が普通で、たいがいの場合この分割払い型になります。

この場合に金額を均等に分割する場合が普通ですが、債務者の経済状態が極度に逼迫している場合や多重債務者である場合は、現在が一番苦しい状態になっていますので、最初のスタートを楽にしてやる必要があります。分割金額を傾斜的に将来増額させたり、ボーナス時に積み増しをさせたり、支払いの開始時期を遅らせたりすることもあります。

### ③　一部減額型

前の二類型は、債務を全額履行させることを基本としていますが、債権の存在に疑問がある場合、身元保証人のような場合、原告、被告ともに被害者であるような場合などは、債務を全額履行させるよりは一部減額させる方が公平です。この場合、減額させることの方が実質的正義にかなうことが多いので、それほどの異論はないと思います。

これらの場合には債務の一部を減額する和解をすることになります。減額は利息、損害金のみを減額する場合と元金についても減額する場合があります。普通は右に述べた三類型は単独で出るというよりは、事案に応じて組み合わせた型になって出てきます。

問題となるのは、金融機関に対する保証人や債務超過が著しい債務者の場合です。金融機関は、債権回収を至上命題にしていますので、なかなか譲歩しないし、保証人に対しても厳しく追及します。確かに、保証人が主債務者と同一の責任を負うということは、法律論からすれば問題なく正当な議論ですが、保証人が保証するようになった事情は千差万別ですから、一律に主債務者と同一の責任を負えというのでは妥当な解決はできません。保証人に対しては、保証した状況、主債務者との関係、保証人の資力に応じて、責任を合理的な範囲に限定する和解をすべきだと思います。

債務超過が著しい多重債務者の場合、現在の状況で精一杯の誠意を示すということで、できる範囲の和解をし、残額は免除すべきだと思います。この点については、自分の責任である以上最後まで履行すべきだとの見解もあるでしょうが、この債務者が破産者となり、免責決定を受けることとの比較を冷静に検討すれば、履行可能な額にまで減額する和解は合理的なものであり、正義に反するものではないと思います。かえって、債務者としても、安易に破産者となって免責を志向するよりも、少しでも債務を支払っていこうとする態度の方が誠意あるものといえるでしょう。

債務を減額する和解は、これまで和解の大半を占めながら、一般人から白い目で見られ、ひいては判決と比較した場合に和解全体の評価を下げさせる要因となってきたのは、債権者の権利を押さえるというところにあると思います。和解派を名乗る以上は、減額させる和解をさせたときに、この内容の和解の方が全額履行させる判決より社会的にみても妥当な解決であるといえるような和解を目指さなければならないのです。

### (2)　応用型

これまで述べて来たように、当事者との対話を繰り返し、誠意を持って粘り強く努力をしても、和解が思うようにできない場合には、二つのケースが考えられます。

一つは、当事者はポーズとしては和解する意思があるように見せているのですが、真実は和解する意思がない場合です。

もう一つは、当事者には真実和解する意思があるのですが、双方が非常に厳しく交渉をしてくるために合意に至らない場合です。前者の場合は、いったんは和解を打ち切るべきですが、後者の場合は、発想法を転換して双方が受け入れ可能な和解案を考えていかねばなりません。応用型は、発想法を転換して成功した例を類型化したものです。

### (2) 応用型

#### ① 金銭を支払う型

ほとんどの事件の和解の場合、合意の内容の中に金銭を支払う条項があります。金銭の支払いの場合、基本型で述べた期限猶予型、分割払い型、一部減額型が基本となり、これらを単独若しくは組み合わせて使用するのですが、単純にやってはうまくいかないケースも多く、この場合には、いろいろな工夫をした応用型が必要になってきます。

##### ㋐ 一部完済後免除型

原告が一〇〇万円の支払いを希望し、被告が五〇万円を希望するという事例を考えてみましょう。当事者双方と対話をして歩み寄らせることにするのですが、原告が九〇万円、被告が七〇万円まで歩み寄ったけれども、これ以上は譲らなかった場合が問題です。

先程も言いましたように（八八頁）、和解案の出し方の基本型は、当事者の希望を聞き相互に調整するが、それでもできないときは職権案を出すことですから、職権案を出さなければなりません。

この場合、「足して二で割る理論」を使いますと八〇万円という職権案になります。これでもうまくいくことがありますが、私は、足して二で割るやり方は、どうしてもそれ以外にしかないという最後の土壇場でしか使わないようにしています。こういう場合に私が使うのは一部完済後免除型です。

この型は、被告に九〇万円の支払義務のあることを認めてもらい、その代わりに被告が七〇万円を遅滞なく支払ったときは、原告は残額を免除するが、被告が履行を怠り、期限の利益を喪失したときは、九〇万円に損害金を付加して支払う、というものです。

このときの当事者の心理を考えてみますと、原告は、被告が本当に支払ってくれるのなら七〇万円でよいけれども、七〇万円まで下げながら不履行にされるのは許せないという気持ちになっています。一方、被告の方は、自分は本当に七〇万円を支払おうという気持ちになっているのに、相手方が自分が履行しないと疑っているのは心外だという気持ちになっています。

ですから、九〇万円の支払義務があることを被告が認めて、七〇万円支払った後に残額を免除するということは、原告にとっては、仮に被告が不履行したときは、九〇万円について債務名義ができるということで満足です。また、被告にとりましても、七〇万円を本当に支払う気持ちになっていますので、不履行した場合に九〇万円について債務名義ができるという条件をつけられても恐ろしくありません。

この型は、当事者双方の心理状態に自然に合致していますので、無理なく成立します。また、和解案の内容から考えてみましても、被告が誠実に債務の履行をした場合の方が、履行しなかった場合よりも有利な内容になるということは、正しいやり方だと思います。

ある和解を苦手としていた裁判官にこの型を説明したことがあるのですが、その裁判官がその後、「この型を使うと本当によく和解ができますね。当事者の心理状態を本当にうまく突いている」と言ってくれたことがあります。

ただ、この型も最初から使ってはいけないのです。やはり当事者との対話をキャッチボールを続けながら、こっちは下げる、あっちは上げる、ということを地道にやって、当事者双方の主張の差を縮めておいて、どうしてもこれ以上は進展しないというときに初めて使用するものなのです。

当事者との対話を続けることなく、最初から、「あなたは一〇〇万円、向うは五〇万円だから、一〇〇万円を認めて、そのうち五〇万円を支払えば残額は免除するという案でどうですか」と安直に決めてしまう発想はよくないし、やっても成功しません。

## (2) 応用型

この型を応用型の第一に挙げるのには、私なりの理由があります。この型は、現在ではかなり広く使われていると思いますが、私自身は、任官当初は知りませんでした。そのために、当事者の合意を取るのに大変苦労したのです。

　私がこの型を独力で思いつくのに数年を要したように思います。もし、この型を任官当初に教えてもらっていたとしたら、最初から苦労することなく使うことができたのにと残念に思うのです。その意味で、和解技術が裁判所の共通の資産となれば裁判官にとって有益だと自分自身が実感することができた第一番目の型なのです。ちなみに、私のところに配属された新任の判事補は、私が教えていますので、最初からこの型を使うことができます。

### ㋑ 違約金型

　ほとんどの場合、一部完済後免除型でまかなえるのですが、ただ、当事者の中にはいろいろな方がいまして、免除されるというのでは恩恵的な匂いがして嫌だという方もおられます。そういうような方の場合にまで一部完済後免除型にこだわって苦労することはありません。

　免除されるという表現を嫌う方の場合には、まず、七〇万円の支払義務を認めてもらい、不履行した場合には違約金二〇万円を加算した九〇万円に遅延損害金を加算して支払うというように、軽く変化させるのです。私は、これを違約金型というように名づけているのですが、一種の裏技です。

　理屈は一部完済後免除型と全く同じなのですが、妥当な和解案は幾つも存在するという発想が私にありますので、一つの案がだめであれば、すぐに同種の別の案を用意しようということの一例なのです。

一見、子供騙しのように思われる方もおられるかもしれませんが、各当事者がそれぞれに個性を持った主体だと考えますと、それぞれの心情をできるだけ考慮したメニューを提供することは大切なことだと思います。一部完済後免除型というメニューも違約金型というメニューを裏に持っていてこそ、万全といえるのです。

**㋒ 連帯免除型**

連帯債務というのは、どの債務者からも全額取ってよいということが、債権者にとってのメリットとなっており、非常に多く使われています。例えば、三〇〇万円の債務につきA、B、Cという三人の債務者がいたとしますと、連帯の特約がなければ、分割債務と解釈されますから、各債務者に一〇〇万円ずつしか請求できませんが、連帯であれば、A、B、Cの誰にでも三〇〇万円全額請求できるということになり、確かに便利ではあります。

しかし、ここに大変な落とし穴があるのです。というのは、このA、B、Cの各人の気持ちになってみますと、自分の負担部分である一〇〇万円を支払うのはやむをえないと誰もが思っているのですが、他の二人が支払わないで、自分だけが三〇〇万円を取られたら無念だと思っているのです。AもBもCも同様に思い、三名とも履行する意欲をなくさせてしまっています。便利なように見えて、実は債務者の履行意欲をそぐという大変なマイナスをしているのです。

発想法を転換しますと、この場合は、連帯を免除することが債務者の履行意欲を高めることになるのです。A、B、Cそれぞれが一〇〇万円ずつ支払うことにより、債権者はトータルできちんと三〇〇万円を受け取ることができればよい、という発想がポイントです。債権者が債務者の履行に強い不安を示しているときは、前述した一部完済後免除型をここへ応用して、A、B、Cそれぞれが三〇〇万円の支払い義務を認めるが、それぞれ一〇〇万円を支払った場合は残額を免除するというようにします。

こうすれば、とにかく早いうちに一〇〇万円を支払ってしまえば、それで終わりとなりますが、グズグズして遅滞すると三〇〇万円になるかもしれませんので、債務者に資力があれば、一〇〇万円は必ず履行されるわけです。A、B、Cの間で資力に差があれば、Aは一五〇万円、Bは一〇〇万円、Cは五〇万円というように債務者間で差をつけることもやむをえません。要は臨機応変に対処することです。

よく共同不法行為ということで、関連がない人を何人も共同被告にして請求してくるケースがあります。こういうケースの場合は、被告間にまったく信頼関係がありませんし、代理人も異なることが多いですから、この連帯免除型を使用して、交渉の可能な被告との間で相当な金額で和解をさせていけば、残った被告も他の被告の分までも負担させられたら大変だということになり、どんどん和解が成立していくことになるのです。要は、早く和解した方が得だと思ってもらうことです。

### ㊟ 担保取消し型

当事者によっては、長期の分割でしか債務を支払うことができず、それでは原告にとって気の毒な場合があります。かといって、判決をしてみたところで、回収できるあてはないので、結局、長期の分割払い案を原告に受け入れて貰わなければならないのです。

このような場合、仮差押えが事前になされていますと、仮差押えはそのまま残すが、被告に担保取消しの同意をしてもらうという型ができます。これが担保取消し型です。こうしますと、仮差押えは、無担保のままで続行しますので、原告としても安心ですし、担保として提供した金銭等は戻ってきますので、それを運用することが可能になります。

仮差押えをした債権者にとって、担保をそのまま凍結させておくということは、それ自体が損害ですから、この担保取消し型は債権者にとってもメリットのある型です。

### ㊍ 自然債務型

裁判上の和解において、和解調書の中で給付条項が定められた場合、債務名義になることが当然で、債務者が履行しない場合は、当然に強制執行できることになっています。これを、わざと強制執行ができないように合意するのが、この自然債務型です。

相手が履行しないからこそ、原告は裁判所に裁判を求めるのですから、このような型が必要かということは、誰しも疑問に思われると思います。しかし、現実の紛争にはいろいろなケースがあり、当事者の感情もいろいろです。

親族間で金銭給付を求める裁判が出た場合、このまま泣き寝入りだけはしたくないという感情から提訴するケースが普通で、強制執行してまで取り立てる気持ちからではないことも多いのです。債務者の方は、迷惑をかけているし、すまないと思っているのですが、自分や家族の生活のことを考えると不本意ながら争わざるを得ない立場に追い込まれています。このような場合、明確な借用証などの証拠もないことが多く、争われるとなかなか面倒なことになります。このことが債権者の感情をさらに激化させるのです。

ですから、このような場合では、あっさり債務者が債権の存在を認めて支払うことを約束することが、債権者の感情を和らげるのに一番なのです。そして、率直に債務者の現状を理解してもらい、出世払いで、かつ、強制執行はしない旨合意してもらうことを頼むのです。この種の和解案を債権者は意外と快く受け入れてくれるものです。

確かに、教科書には強制執行しない合意も有効だと書いてあります。学生時代の私は、これを読んで、こんな馬鹿な合意をする人がいるものかと疑問に思っていたものです。しかし、当事者が親族等の特殊の関係にある場合には、このような解決の方が座りのよい場合があることは、裁判官になってから実感したことです。

特殊のケースですが、債権の放棄を合意しているのですが、体面上放棄できないという場合があります。このような場合にも債権の存在と履行の約束はしてもらうが、強制執行はしないということを合意することにより、間接的に実質的には放棄した趣旨を表すこともあります。

強制執行しない合意まではしないが、実質的には執行する意思はないという場合には、給付条項を定めずに、確認条項だけに止めることもあります。この場合は、再度給付請求をすれば、給付判決を取得することができます。



### ㋕ 早期履行増額型

建物収去や土地、家屋の明渡事件などでは、債務者が自発的に履行してくれないと強制執行は困難です。もちろん、やってやれないことはありませんが、費用と時間がかかるうえに、気分も余り良くはありません。

このような事件では、債務者の立場は、早期に履行するつもりでいても、代替地や家屋の手当がつかなければ、明け渡したくても明け渡せません。そのために、仮に六ヵ月で履行が可能だと思っていても、余裕を考えて倍の一年を要求したりするのです。

これに対して、債権者の方は、この債務者の態度を見て、努力して探せば、せいぜい三ヵ月ですむのにと思うと、債務者は明け渡す意思がないのではないか、と不信感をつのらせたりするのです。

こういう場合は、明渡しの猶予期間は債務者のいうとおりとするが、立退料はすこし安めに設定し、予定の期間より早く明け渡せば割増金を、遅滞すれば割増金の倍額程度の損害金の支払いを約束させるのです。

例えば、一年後に明け渡した場合の和解金を五〇〇万円だとしますと、一ヵ月早くなるごとに五〇万円の割増金、一ヵ月遅滞するごとに一〇〇万円の損害金を支払うという和解案にするのです。そうしますと、六ヵ月で明け渡すと三〇〇万円が加算され八〇〇万円となり、債務者に少しでも早く明け渡そうという意欲がわいてきます。

このように、債務者に履行させることが重要な事例では、本来の期限は、和解金は安くても余裕のある期間を設定し、それにプラスして早期に履行したら割増金を付けることが債務者の履行意欲を高めるのです。要するに、早く履行した方が得だと分からせるところがミソで、明渡事件以外にも応用のきく型です。

**②　不動産の取得についての型**

土地、建物等の不動産の取得について紛争が起きた場合に、これを解決するには、当該不動産を当事者のうちのどちらが取得するかというのがまず基本型になります。不動産を取らなかった方は、その代償として金銭で満足させるようにするのです。

この場合、一方が不動産を、他方が金銭を希望している場合には、非常にうまくいくのですが、双方とも不動産、双方とも金銭を希望した場合は難しくなります。金銭の争いの方は、先程述べた競売型を使えばよいのですが、金銭を支払う余裕がない場合や、どちらも不動産に執着した場合は、最も解決困難になります。

### ㋐ 分割型

当事者双方が、同一の土地に執着する度合いが強い場合は、金銭解決は妥当でありませんので、土地を思い切って現物分割します。物の評価というのは客観的に決まるというよりは、当事者の主観によって変動するものです。当事者双方が一つの物に強く執着した場合、これをどちらか一方に全部やるということでは解決できないことが多く、双方が譲らないときは、一方に取らせるよりは苦労しても分割することの方が良いのです。

当事者双方が同一の建物に執着した場合は、原則として現物分割はできませんが、構造上分割が可能な建物もあり、できないものと決めてかかってはいけません。分割が可能か検討することが必要です。

現物分割が可能であるとして、問題はどう分割するかです。原告と被告の二人で平等に分割する場合は、前述したケーキの分配による応用的選択型（九六頁）が有効です。

二人ではなく、三人以上の場合に平等に分割するのにもうまい方法があるかということがこれからの課題ですが、私自身は、まだ発見していません。これを研究されている方もおられますので紹介します。

太田勝造教授の『民事紛争解決手続論』二一五頁（信山社・一九九〇年）から引用します。

三人以上で平等に分ける方法は、信州大学の中村義作教授が日本経済新聞のコラム「暮しの中の数学」に書いておられる（一九八四年二月九日）。まず、クジで三人の中から一人を選ぶ。その人は自分の取り分を指定する役目である。その指定された取り分に対して他の二人から異義が出なければ、それがその人の取り分となる。異義が出されれば、異義者が最初の人の指定した分の一部を減らし、それを自分の取り分と指定しなければならない。それに対して他の二人から異義が出なければその指定分がその人の取り分となる。異義が出されれば、同様にして異義者はさらに減らして自己の指定分としなくてはならない。だんだん減るのでそのうち必ず異義が出なくなる。後は二人の分配であるから簡単である。この方法は、何人の場合にも適用できる。「平等原則」のもと、効用の個人間比較の必要性故にほとんど不可能な客観的平等性は追及せず、不満が出ないように分配の手続の方を工夫するわけである。

このやり方でうまくいくかどうかは経験がないのですが、何かやり方はあるのだといつも考えておくと、現実の局面でその事件に最も適した方法が閃きますから、日頃から興味を持っていろいろなやり方を模索することはけっして無駄にはなりません。

ケーキの分配が妥当しないケース（例えば、土地の一部に一方当事者の家が建築されている場合）は、当該不動産を当事者が現実にどのように利用しているのかという利用形態が大変重要になります。自分にとっての生命線と考えているものは、どんな犠牲を支払ってでも確保したいと考えますから、そうでないところは大幅な譲歩が可能です。

宅地についての進入路というのは大変重要ですから、建築基準法四三条に定める二メートル幅の進入路は確保しないと和解にはなりません。それから、現在は自動車をもっている家庭が普通ですから、奥の方の土地を取る人は、自動車が入り易いように少しでも幅が広がるよう希望するのですが、これはなかなか相手方が応じるところにはならず、大変、難航するところです。

裁判官は、現地に行って、その状況を十分に見分し、土地を単純に直線で分けるだけではなく、場合によっては折れ曲がったり、進入路の入口には隅切り部分を確保させるようにするなど、いろいろ工夫して当事者双方の希望を最大限に満たした最善の分割案を作るように努力しなければなりません。

いくつもある不動産を分割する場合に、特定の不動産に当事者双方の希望が集中し、交渉が行き詰まることがあります。この場合、双方の希望が集中した物件が最大のポイントで、これをどちらかの単独所有にすることができないケースでは、費用がかかってもこの物件を現物分割して平等に分けますと、双方の納得が得られます。このやり方は家事の遺産分割の調停にも有効です。

### (イ) 共有型

一つの物件を原告と被告との共有とすることは、将来その物件の利用方法や分割をめぐって当事者間に紛争の生ずることが予想され、普通はよいことではありません。和解をするに当たっては、将来の紛争の発生を予防することも大事なことですから、物件を原告と被告との共有のままで置くという和解は、原則的には望ましくありません。しかし、例外的には原告と被告との共有のままにして置く方がよい場合があります。

例えば、区画整理や土地改良の換地で将来面積が減少するとか、後で整備して畝を作るとかして形状が変更する場合には、むしろ共有にして、原告と被告との持分の割合を定め、それに沿った形で区画整理等をしてもらい、それの完了後に分割するという方がスムーズにいく場合もあります。

また、対象となる物件が多数あるけれども、当面急いで解決しなければならない物件が限られており、しかも早期の解決を要する場合には、解決を急がない分は共有の状態にしておいておくことが妥当なケースもあります。このようにわざと共有の形にするものを共有型といいます。

**㋒　金銭代償型**

当該物件を分割することも共有にすることにも当事者の合意ができないという場合は、どうしても当事者のどちらか一方の単独所有にして、他方に金銭を代償として給付させる型しかありません。

係争物をどちらか一方の当事者の単独所有にして、他方の当事者には代償として金銭を給付するというのは、本来はこういう場合の基本型でもあるのですが、この方法を使ってもだめで、分割型をしてもうまくいかず、共有型もうまくいかないときは、最初に戻ってもう一度この金銭代償型に挑戦するのです。

このように、本来は基本型なのに、うまくいかず、他の型をやった後、元に戻るときは、立派な応用型になります。内容は同じでも、そこに至る過程が大事なのです。足して二で割るという考え方も、最初から使うのではなく、どうしようもなくて最後に使うならば、効果があり、立派な応用型になるのと同じです。

## (2) 応用型

この場合、金銭の額を決めるのに競売型を使って最初に手続の進め方を合意していくやり方と、まずは物件取得を希望している原告の方を口説いて金額を提示させるやり方とがあります。

まずは原告の方を口説くやり方をする場合には、できるだけ原告が支払うべき金額を引き上げるように交渉して被告の要求額に近づけ、合意させるようにもっていくのです。これでうまくいけば、よいのですが、現実にはなかなか簡単にはいきません。

原告が一〇〇万円まで出すといったのに、被告が二〇〇万円でないと承知しないと頑張って行き詰まったような場合には、無理に原告への説得を継続することを止め、発想法を転換します。一八〇度転換して、今度は、被告に一〇〇万円を原告に支払って、物件を取得するようにすすめるのです。この方法は意外とうまくいくのです。

なぜなら、原告が一〇〇万円までしか出さないと言ったのは、その物件を一〇〇万円の価値と評価しているからです。ところが、被告が二〇〇万円を要求しているということは、この物件を二〇〇万円の価値と評価しているためですから、一〇〇万円を出して取得することは、自分が思っているより安く手にいれることになり、不満はないはずです。原告の方も一〇〇万円以上出さないということは、これを一〇〇万円の価値としか見ていないのですから、一〇〇万円という金額に抵抗はないはずです。

もっとも駆け引きの上で一応の金額を主張している場合もありますから、一二〇万円という形でないと合意できないケースもありますが、二〇〇万円を要求している被告に一二〇万円を支払わせることは、それほど困難なことではありません。このように合意に達するには紆余曲折、試行錯誤を伴うものですが、難しい事件ではそれも必要なもので決して無駄ではありません。

### ③　紛争の拡大と縮小

裁判は、訴訟物についてなされるものですから、原告から請求されていないものについて判決をすることはできませんし、当該訴訟物について求められた判断をすれば、裁判所の使命は果たされているといえると思います。なぜなら、判決というものは、当事者の同意なくしてなされるものですから、訴訟物に限ってだけしか判断できないということもやむをえないからです。

しかし、裁判所の使命が当事者間に存在する紛争を抜本的に解決することだと考えますと、裁判官としても訴訟物の枠にとらわれずに紛争の実体に即した解決を目指したいという気持ちが出てくるのは当然です。まして、当事者の合意を基礎に実情に即した妥当な和解を目指そうとする私の立場からは、現に当事者間に存在する紛争が訴訟物の枠を越えていれば、訴訟物以外の紛争を取り込んで一括解決をする努力をすべきです。

また、訴訟物の全部について直ちに和解することが困難な場合でも、一個の紛争には一個の解決しかないという発想法を転換し、訴訟物を分割してその一部についてまず和解解決し、その後、残りの全部の解決を目指すということが試みられてしかるべきだと思います。

## (2) 応用型

### ㋐ 一括型

一括型というのは、訴訟物以外に存在する当事者間の紛争をどんどん取り込んで一括して一挙に解決するやり方をいいます。

当事者間に存在する紛争を抜本的に解決しようとしますと、どうしても訴訟物以外の紛争を取り込むことになりますが、和解技術の面だけから考えたとしても、積極的に訴訟物以外の紛争を取り込んだ方が、和解を成立させやすくするのです。

なぜなら、論点が一つですと局面が単純になりますから、裁判所が和解案を出そうにも、公正中立にやろうとしますと足して二で割る以外には、たいした出し方がありませんので、難件ではすぐに行き詰ってしまうのです。ところが、訴訟物以外に紛争がふくらみますと、交渉する論点が増え、局面が複雑化してきますから、いろいろな案を出すことが可能になるのです。将棋や碁などの勝負事でも、形勢が不利になりますと、いろいろなところに手を作って局面を複雑化させるというのは、上手の常套手段なのです。和解でも同じことです。

Aという紛争がふくらみ、B、Cという紛争を取り込みますと、Aという紛争では原告有利に、Bという紛争では被告有利に、Cという紛争では双方五分五分に、というようにいろいろな組み合わせが可能となります。その結果、当事者双方にとってどちらにも受け入れができる案を作ることが可能となるのです。

私は、別の裁判所に同一当事者間の別件があれば、積極的に取るようにしています。高等裁判所に別件が係属している場合のように取ることができない場合には、実質的に別件を含めて和解をし、その和解調書の中で、別件については取り下げる旨の条項を入れるようにしています。

特殊な一括型の例を紹介しましょう。ほぼ、同一の争点の事件で、地裁に救済命令の取消事件が、高裁で地位確認の事件が係属していました。私は、地裁の事件を担当していたのですが、和解は難航を極めていました。そのうち、高裁の事件で判決が出されました。原告一部勝訴の和解的判決だったのですが、当事者の双方が上告しました。これを知った私は、絶好のチャンスが到来した、上告理由書の提出期間である五〇日以内に和解を成立させようと、勢力的に和解に入りました。

従来は、自分の事件だけの争点だったのが、高裁判決を利用するということにより、高裁判決に対して上告取下げ、訴えの取下げを合意させることができるという生殺与奪の権利を手に入れたのと、上告理由書を書きたくないという双方代理人の思惑も手伝って、上告理由書提出期限一日前に、和解を成立させ、その中で高裁判決に対しては、訴えを取り下げることで、合意したのでした。

二〇年に及んだ賃金差別等が争われた事件では、抜本的に差別を解消する和解を成立させることができ、東京高裁、東京地裁、大阪高裁、大阪地裁、中央労働委員会、大阪地方労働委員会に継続していた一五件の事件全部を終了させることができました。これも、一括型でしか、和解の成立する目はない事件でした。

しかし、残念ながら、一般には争点や事件がふくらみますと解決を困難にすると思われています。もちろん、そのような事件もありますが、私の経験ではそのようなケースの方が例外のように思います。

### (2) 応用型

#### ㋑ 一部和解型

この型は、訴訟物の一部に限定して和解をし、他の訴訟物についてはさらに裁判を続行するか、取下げにより終了させるというものです。

例えば、現在の交通事故訴訟では医師の過剰診療が問題になっています。しかし、裁判では医師は当事者になっていませんので、治療費を譲歩させることが困難です。被害者が賠償金を取得しても、医師が治療費を取ってしまうとほとんど被害者に残らないというケースもままあります。治療費が相当かどうか問題があるときは、医師と保険会社との間で裁判するのが最も実質に即していると思うのですが、通常の訴訟では困難です。

私は、医師の治療費請求が不当であると思ったときは、裁判で請求されている損害のうち、治療費については、訴えを取り下げてもらい、それ以外の部分、すなわち被害者が本当に取得できる部分についてだけ和解を成立させることにしています。治療費については、保険会社と医師との間で話しあってもらい、合意できなければ、医師から被害者に治療費請求の裁判を提訴してもらうことになります。

被害者が提訴されたら、加害者に訴訟告知をして、裁判に参加してもらい、医師と保険会社との間で納得のいくまで治療費について証拠調べをやればよいのではないかと考えるのです。とにかく、裁判所に出て来ない人を説得するということは、非常に困難なことですから、裏にいる人に利益を与えてはいけないというのが和解の原則だと思います。

請求の一部については争いがない場合や、一部についてだけ仮差押えや仮処分がある場合に、この一部についてだけ早期に和解解決して、残りの部分については裁判を続行し、機を見て和解を再度試みようという場合もあります。

訴訟についても一部請求が可能なように、訴訟物の一部についても和解は可能ですし、残部についても、取り下げて再訴の余地を残したまま一応終了させるか、残部についてなお訴訟を続行し、判決ないし和解にもっていくかは当事者の意思により自由に選択できるのですから、裁判所も臨機応変に対応すべきだと思います。

このような一部和解をしても二度手間になるだけではないかと思われるかも知れませんが、難しい事件は、一発で決めようとすると失敗します。できるところからやればよいという余裕の気持ちが結局成功につながるのです。

### ㋒ 代表者訴訟型

ほぼ、同一の争点を持った複数の原告が複数の被告に裁判を起こすケースがあります。例えば、数名の原告がA社を通して被告数社に日雇い労働に従事した場合に、このA社が倒産したりしますと、原告らは被告らとの間に日雇い労働ごとに個別に直接の雇用契約が成立しているとして賃金請求をし、被告らが、原告らはA社から人材派遣された派遣労働者で雇用契約は存在していないと争っている事例があったとします。

このような場合、被告数社は普通代理人が異なりますし、個別の労働ごとに、賃金条件や勤務状態が異なりますので、審理は複雑となり大変なものとなります。しかし、大きく見れば、争点は被告との間で直接雇用契約が成立しているかどうかですから、同一であるといえます。細かくみれば賃金額などに争いがないとはいえないのですが、このような事件では、賃金の請求額自体は少なく、企業にしてみれば、額の大小を本気で争う気にはなれません。

私は、このような場合、原告らと被告らから代表となるものを選び、それ以外の当事者は、代表となった者同志の間による訴訟の終了の結果（確定判決、和解）に従うことを内容とする趣旨の和解を成立させて、訴訟を終了させたらどうかと考えています。この和解は、現実の事件では、成功しないうちに私自身が事件の担当をはずれたため、残念ながら最終的な合意成立までいきませんでした。

　訴訟が取下げなどで終わった場合や一部勝訴の場合はどうするか、債務名義となる条項を作ることができるのか等、まだまだ考えなければならない問題点があり、未解決の部分が多いのですが、多数の当事者を代表者に絞り込む和解は訴訟を真の争点に絞り込む役割を果すことができ、審理の充実促進に大変有用であると信じますので、これからも検討していきたいと思っています。

### ④　和解以外の手続の趣旨や形を取り入れた型

和解とは、当事者が互いに譲り合って意思を合致させるものだと考えますと、互譲を内容としない和解は正道ではなく、なかなか発想できません。しかし、和解とは、当事者の意思の合致により、当事者双方のために妥当な解決を創造するものだと考えますと、和解の幅も広がり、いろんな合意が発想の中に浮かびます。

　請求の認諾、放棄、訴えの取下げ、調停は、和解とは異なる裁判の終了原因でその概念もはっきり異なるのですが、その制度が設けられた趣旨を和解に取り入れたり、それらの形を借りて実質的和解をしたりしますと、和解の幅、奥行きもグーンと広がってきます。とにかく、使えるものは何でも使うという発想が大事です。

㋐ 認諾型

これは、被告が「原告の請求原因のとおりですが、到底支払うことができません。」というような場合に、「被告は原告に対し金〇〇円を即時支払う。訴訟費用は各自の負担とする。」というようにして、和解を成立させることをいいます。

このような場合は、被告に請求の認諾をさせて認諾調書を作成するか、被告に請求棄却の申立てをさせるとともに請求原因事実を全部認める旨の陳述をさせ、原告勝訴の判決をして終了させるのが通常の取扱いではないかと思います。

それなのに、私がこの場合に和解を成立させるのは、こういうケースの被告は、ほとんどが本人訴訟で、請求の認諾という意味を本当に理解しているのか疑わしいこと、和解であるならば、訴訟費用の点だけでも被告に有利になること、判決にすると後に送達手続が残り、控訴期間とあいまって確定に時間がかかるのですが、和解ならば即終了することなどを考えての上です。

逆に、和解を請求の認諾でする場合もあります。当事者が地方公共団体のような場合、和解をするには、地方議会の同意(地方自治法九六条一項一二号)が必要となるので、議会の議決があるまでは、和解を成立させることができません。これは、議会の尊重ということから納得のいく規定なのですが、和解金がわずかな判つき料程度ですむような実質的に認諾に近い場合では、そのために議会の同意を待つのは時間がかかりますし、実体にも合いません。

(2) 応用型

私は、このような場合には、相手方に地方公共団体の請求を認諾してもらって、判つき料程度の和解金は、訴訟代理人の方から直接相手方に支払ってもらい、後で地方公共団体の方で訴訟代理人に訴訟費用の一部として負担してもらうということで裁判を終了させたりします。

### ㋑ 放棄型

認諾型と逆なのが放棄型です。これは、請求の放棄をさせるのと同様の趣旨を和解で合意させるのです。「請求の放棄をする」という表現でもいいのですが、積極的に「当事者双方は互いに裁判上の請求をしない」というような表現の方が和解になじむし、再訴の危険性も少なくなり、優れているように思います。

逆に、実質的和解を請求の放棄でする場合もあります。例えば、被告本人が老人性痴呆になり、入院中で出頭はできないし、意思能力にも疑問が生じるというようなケースがあるとします。この場合、訴状の送達の効力に疑問が生じますから、本当に訴訟を進行させるには、被告について成年後見開始の審判を請求してもらい、その審判の結果を待って、成年後見開始の審判があった場合には成年後見人に送達しなおして進行を開始することになります。

請求について争いがある場合にはこれもやむをえないのですが、配偶者や近親者が請求を争わず、代って支払ってもよいと言ってくるケースもあります。このような場合、普通は当事者間に和解を成立させ、その中に支払ってくれる人を利害関係人として参加させることになるのですが、本件のようなケースの場合はこの方法は使えません。

私は、この場合には、支払ってもよいという人を事実上の利害関係人として裁判所に出頭してもらい、事実上の和解をして金額を合意し、裁判官の面前で原告にその和解金を支払って領収書をもらい、同時に原告に請求の放棄をしてもらうようにしています。裁判所としては、放棄調書しか作れませんから、即金払いでないといけません。分割払いにしようとしますと、簡易裁判所で即決和解をしなければなりませんが、裁判所が異なるためになかなかうまくいきません。

### ㋒ 取下げ型

この型は、原告が訴えを取り下げ、被告がこれに同意するという場合に、それを和解条項の中でするものです。一種の取下げ契約というようなものを考えてその内容の和解をすることになるのですが、なぜ、わざわざこのような面倒な型の和解をするのかと申しますと、和解という形にすれば、他の条項を和解調書の中に盛り込むことができるからです。

一番必要となるのは担保取消しについての同意と抗告権の放棄条項です。本訴になる前には、仮差押えや仮処分が行われていることが多いのですが、そこで立てられた担保を返還してもらうためには担保取消しの手続が必要となります。担保取消しをするには相手方の同意書（場合によっては、印鑑証明も）が必要となりますが、和解調書にその旨の記載がありますと和解調書だけで取消しができますから、当事者にとって大変便利です。

私は、原則的にすべての事件は和解が可能であると考えていますが、行政事件では一般的に和解はできないという見解がとられています。ですから、かっては、労働委員会の救済命令取消訴訟でも、被告である労働委員会は和解できないという見解をとっており、原告と参加人の間で合意が成立した場合には、本訴は取り下げてもらい、原告と参加人は別に簡易裁判所で即決和解をしてもらいたいと主張することがありました。

しかし、このようなやり方は、労働委員会としても、また、裁判所としても、あまりにも不親切な態度のように思います。原告と参加人との間で実質的に合意が成立したならば、それを和解調書の中に盛ることが、労働委員会としても、また、裁判所としても責任のある態度だと思うのです。

ですから、私はこのような場合にも取下げ型を使い、原告と労働委員会との間で訴えの取下げと同意を合意の内容とする和解を成立させ、その和解条項の中に原告と参加人との間の合意内容を盛り込むようにしています。私が担当した事件では、福岡地方労働委員会と中央労働委員会のものがありましたが、いずれも、この取下げ型の和解を成立させています。

普通、原告が訴えを取り下げる場合は再訴しないことが多いと思います。しかし、取下げ型で、注意しなければいけない重要なことは、第一審の判決後の取下げは再訴が禁じられていますが、それ以外は再訴が自由であるということです（民事訴訟法二六二条二項）。ですから、訴訟物以外のことに合意をして裁判を終了させるが、訴訟物については場合によっては再訴がありうるという趣旨で取下げの合意をすることもあるのです。ここを十分明確にしておかないと、再訴された場合、和解条項の解釈をめぐって将来トラブルとなる危険があります。

このようなトラブルを防ぐには、明確に再訴しない旨の合意を入れるか、訴訟物の内外を問わず清算する旨の条項を入れる必要があります。本和解条項以外に債権債務がない旨の確認だけでは、訴訟物については取り下げる旨の条項があった場合、これも具体的な合意の中に入りますから、清算条項は訴訟物には及ばず、訴訟物について再訴が許されると解釈される余地があることに注意する必要があります。

### ㊉ 休止満了型

これは厳密には和解ではありませんが、当事者双方が合意のうえ休止にすれば、一ヵ月後には訴えの取下げの効果が生じますので(民事訴訟法二六三条)、双方の合意による解決という意味から広い意味での和解に入れることができると思います。

このようなことに意味があるのかと思われる人も多いと思いますが、事件の進行が当事者の当初の予想に反し行き詰ったときは、再訴の可能性を残しつつ、原告は訴えをいったん取下げ、被告は同意することがよいのですが、いろいろな事情からこれが困難な場合があります。

面子のうえから原告が取下げだけはしたくないという場合や訴訟代理人が取下げしたくても原告本人が行方不明になっており、その了解が取れないという場合や被告が同意したくない場合などがあります。このような場合は、休止満了という形で訴えの擬制取下げの処理をするのがよいのです。

原告が訴えを取り下げるかどうか迷っているという場合は、次回期日を指定せず、休止にしておき、訴訟追行の意思が固まったら期日指定の申立てをするように指示します。

原告が口頭弁論期日に欠席し、電話などで取下げの意思を表示したり、取下書が出ているのに被告が欠席したようなケースでも、私は休止にします。これを期日取消だけにしますと後で取下書や同意書が提出されなかったときに大いに困ります。そして、このようなことは実際よく起こるのです。休止ですとなんら当事者双方に通知する必要がありませんから、取下書や同意書が出なくても一ヵ月待てば事件は終了しますし、現実に取下書や同意書が出れば、一ヵ月まで待たなくてもその時点で終了しますので、大変便利なのです。

この休止ということをもっと他の裁判官にも積極的に使って欲しいと思いまして、和解技術論からは脱線しますが、訴訟運営のノウハウということで紹介させてもらいました。

### ㋔ 調 停 型

この調停型というのは、事件を調停に付することによって、和解手続には認められていない調停の利点を活用し、調停により当事者の合意を成立させることをいいます。

調停型の第一は、弁護士以外の代理許可です。

地方裁判所では、民事訴訟法五四条により弁護士でなければ代理人となることはできません。そのために、被告本人が病気で裁判所に出頭ができず、代わりに妻が出頭してきて、「被告本人は入院しており、出頭できません。弁護士を頼む金はありません。毎月少しずつでも支払いますから和解にして下さい」というような場合、非常に困ります。被告が不出頭であるとして欠席判決をすることも相当でないし、かといって妻と和解するわけにはいかないからです。

しかし、この場合は調停にすれば、なんなく解決するのです。民事調停規則八条二項には、許可を得れば弁護士でない者を代理人とすることができる旨定められていますから、妻に代理許可申請をしてもらい、これを許可し、原告と被告の妻との間で調停を成立させればよいわけです。

調停型の第二は、現地調停の利用です。

現地を見分するとよいということは、説得技術における基本型としてあげたところですが(七七頁)、旧民事訴訟法下では、現地和解を正面から認めた規定がなかったために、裁判官の中には積極説と消極説とがありました。そのために現地和解は余り行われておらず、やるときも便法として、当事者に検証若しくは所在尋問の申請をしてもらい、現地に行ったところで、申請を放棄してもらうということが行われていました。これは実体にも合いませんので、このような場合、私は当該事件を受訴裁判所の調停に付し、民事調停規則九条で現地調停を行うようにしていました。

現在では、民事訴訟規則三二条二項で現地和解ができる旨、明文で定められ疑義がなくなりましたので、裁判官は現地和解を実施しており、旧民事訴訟法下のように現地調停をする必要はなくなりました。ただ、新民事訴訟法下でも現地調停が有効な場合があります。それは、現地和解の場合は当事者に出張費用を負担してもらわなければなりませんが、現地調停の場合は国庫の費用でよいのです。出張費用の負担ができないような当事者の場合には、覚えておいてよい型です。

調停型の第三は、農事調停です。

農地の紛争について農事調停を使う方法があります。すなわち、農地法三条一項五号によれば、農事調停によって農地の権利移転がなされた場合には、農業委員会や知事の許可は要らない、とされています。

普通、農地に関する裁判は、原告勝訴の場合、農地法三条の許可を条件として移転登記を命ずる判決主文となるのですが、これではいくら判決をもらっても農地法三条の許可がないかぎり登記はできません。しかも、農地法三条の許可が必ず下りるとの保証はどこにもありません。ですから、農地に関する訴訟においては、原告は非常にしんどい立場に立たされているのです。

これに比べて、農事調停が成立すれば、即登記することが可能となりますから、原告側も譲歩のしがいがあるわけで、非常に合意の成立がしやすくなります。もっとも、この、農事調停では、小作官又は小作主事の出席を求め、意見を聞かなければならないようになっており（民事調停法二八条）、その意見には拘束されませんが、農地法の趣旨を損なわないように配慮をすることを忘れてはなりません。

調停には右以外にもまだ利点があります。調停委員の専門的な知識経験に基づく意見を聴取することができるとする民事調停規則一四条です。現在は、通常の事件は審理促進の効果が上がっていますが、裁判官が専門的知識が不足する医療事件や建築事件などは審理が長期化しています。このような事件では、専門知識を補充するために調停に付して医師や建築士などの資格を有する調停委員の意見を聴取することが有益です。

家事審判規則一三六条にも同様な規定がありますが、私は、遺産分割事件でこの条文を活用し成果をあげたことがあります。

遺産分割をするには、遺産を金銭に評価しなければならないのですが、当事者によっては、鑑定費用を予納することができず、事件の進行がストップすることがあります。私は、このような場合には、先程の家事審判規則一三六条の二を根拠として、不動産評価ができる調停委員に、当該土地の評価書を結論だけでよいから出してくれと頼むことにしています。

正式の鑑定書を作成することは骨が折れますので、理由は省略して結論だけを出してもらうのです。これを基礎として、分割案を作成しますと、当事者は「裁判所の調停委員が公正な評価をされたのですから、それで結構です」と言って応じてくれます。

### (2) 応用型

このように、調停にはいろいろ役立つ条文がたくさんあるのですから、訴訟においてもこの調停を積極的に活用すべきだと思うのですが、現実にはあまり活用されていないのは残念なことです。

### ⑤ その他の型

#### ㋐ 前文型

当事者の中には、和解条項の中に和解に至る経過や和解条項の解釈の指針となるような条項を入れてくれるように希望する人もいます。そのような場合には、和解条項に前文を入れてやりますと、その人の気持ちもおさまり、和解成立に向けて前進するのです。

例を挙げますと、当事者の中には、自分の方から積極的に和解を望んだのではないことが分かるようにしてほしいという人がいます。こういう人に対しては、「当事者双方は、裁判所の和解勧告により次のとおり和解する」というようにします。

また、労働委員会の救済命令取消事件で、使用者が直接不当労働行為を認めることに抵抗がある場合には、「当事者は、地方労働委員会の命令を尊重し、次のとおり和解する」というようにしますと、組合側も和解条項の中に使用者が不当労働行為を認める旨の記載がなくても、前文にその手掛かりがあることで満足して、和解が成立することもあります。

#### ㋑ 念書併用型

当事者間で成立した合意は、すべて和解調書に盛り込むことが当然なのですが、場合によっては、盛り込むことが不相当か、当事者が望まないような場合があります。このような和解調書にそのまま出しにくい合意内容は、当事者間で念書を作るようにするというのが、この念書併用型です。

念書型でよくある例は、当事者が合意内容を和解調書に載せたくない場合です。当事者間で和解金を支払う合意が成立したが、体面上金を支払ったことを知られたくないということがあります。私は和解調書の内容と矛盾しない念書については認めることにしています。

例えば、和解調書上は、「当事者双方は、本件紛争を円満に解決したものとし、今後いかなる名義を問わず、互いに裁判上若しくは裁判外の請求をしない」とし、念書で、和解金を支払う合意をするということは、本来、当事者間で和解金を支払い、円満解決したという内容をただ機械的に二分しただけですから、問題はないわけです。

しかし、実際は一〇〇〇万円で売買する合意が成立しながら、和解調書上は五〇〇万円で売買する旨記載することは許されません。このようなケースは、一〇〇〇万円の売買と五〇〇万円の売買は両立しえないからです。このように念書併用型には怪しげな要素がありますから、例外的にしか使ってはならず、その場合も念書と和解調書の内容とが矛盾しないようにしなければなりません。

### ㋒ 和解期日調書型

当事者間に合意が成立しても前文型や念書併用型のような拘束力ある条項とはしたくない場合や、当事者双方に意見の食い違いがあるが、これを調書上に残しておきたい場合などに、その経過や了解事項を和解調書ではなく和解期日の経過調書の中に記載するやり方があります。

例えば、労働者が依願退職する和解で被告会社に再就職のあっせんを希望するときに、被告会社としては約束できないが、被告代理人としては努力するということで事態の収拾ができるというケースでは、和解期日の経過調書に「原告代理人　労働者の再就職のあっせんを希望。被告代理人　代理人としては努力する」と記載します。これは和解調書上の記載事項ではありませんし、紳士条項ですから拘束力はありません。しかし、そのような話が出たということの証拠とはなります。

和解調書に盛り込むことが適当ではない事項はすべて省略してしまえばよいというのは、考え方そのものとしては明確なのですが、この考え方を強引に押し通そうとしますと、最後の時点で軟着陸に失敗した感じとなってしまい、合意そのものができないか、なんとか合意させても何か後味の悪いものが残ったりしてしまうのです。

現実の事件は多種多様で、当事者の希望も多種多様ですから、省略するのでは落着きが悪いという事柄が出てくる局面もありますので、そのような場合の微調整のやり方として和解期日調書型は憶えておくと便利です。

㊁　**裁量尊重型**

当事者の一方にある行為をさせなければならないが、それには裁量の幅があり、その具体的中身まで合意させようとすると、困難なばかりか弊害が出る場合もあります。この場合は、大きな幅や条件を合意し、その裁量の範囲内で具体的な行為をすることを義務づけ、それを履行しないときは違約金の支払いを約することがよく、私は、これを裁量尊重型と呼んでいます。

具体例をあげますと、労働事件の昇級や昇格差別事件で、労働者の年齢が高くなり、等級や号俸も高くなってきますと、一律に昇級や昇格させることが困難になってきます。大量観察的観点からは、組合員と非組合員との間で差別が立証され、是正することが必要であるとしても、対象者の全員を上げることはできないということになってくるのです。

非組合員が一〇人中三人まで八級になっており、組合員が一〇人中一人も八級になっていない場合を考えますと、組合差別があり組合員から三名を昇級させるべきであるとしましても、当該対象者である一〇人の組合員の中から三人を選び出すことは困難なうえに、会社の人事権とのバランスにも配慮しなければなりません。

そこで、このような場合は、「組合員の中から三名を昇級させること、これを怠った場合は一日一〇万円の違約金を組合に支払うこと」、というような和解案にします。

組合員の中から三名昇級させるということには拘束力がありますが、具体的に誰を上げるかという点については拘束力がありませんから、会社の人事権を尊重しています。

三名という条件を付けることにより組合差別を是正し、会社が不履行した場合、昇級については強制執行はできませんが、会社に違約金の支払いを義務づけることで、履行を担保させています。

## (2) 応用型

一日一〇万円の違約金という考え方は、労働委員会の事件を担当された方にはお分かりと思いますが、労働委員会の救済命令事件での緊急命令違反の過料の制裁を参考にしたものです。この考え方を使って、二〇年に及んだ賃金差別事件の和解の最後の難関を突破することができました。

### ㋔ 暫定和解型

事件によっては、当事者間の対立が非常に深刻化し、日常生活にまで及ぶことがあります。特に労働事件の場合は顕著です。このような場合には、日常生活や職場でも常に対立しているのですから、裁判所に出頭してきた当事者を、そのときだけ説得してみても効果はありません。では、打つ手はないのでしょうか。そういうことはありません。必ず方法はあるわけでして、発想法を転換してそれを見付け出さなければなりません。

私が考え出したのは、暫定和解という方法です。これは、和解手続中に限り、当事者双方が、暫定的に一定の事項に休戦的な合意をすることをいいます。

例を挙げますと、前述した三〇〇日に及ぶ争議行為で、会社社長、組合委員長、私の三人でトップ会談をして成功した事件（七七頁）も、当初は対立が余りに深刻で、組合側が早出、残業をしないため、会社は大変困っていました。このため、私は和解手続中に限り、早出、残業をするという暫定和解案を提案したのです。会社はもちろん賛成しましたし、組合側も早出、残業をすれば組合員の給与が大幅に増えますので賛成してくれました。

和解手続中に限る暫定的なものであるということが、相互不信の強い当事者双方にも受け入れ易かったのです。ところが、双方が協力して暫定和解を受け入れ、早出、残業をやってみますと双方にメリットがあるため、この状態を以前の泥沼に戻したくないという感情が双方に生れてくるのも、これまた自然のなり行きです。

この三〇〇日の大争議の続いた事件も、裁判官の熱意と職務を強調して和解の糸口をつかみ、暫定和解を提案して、双方の対立、感情を緩和し、社長、組合、委員長とトップ会談を精力的に重ねることによって合意を成立させることができたのです。非常に困難な事件であったために、いろいろな発想法を組み合わせて頑張ったのですが、いつまでも忘れられない事件です。

貸金事件などで当事者間に事実に争いがなく、当事者双方とも和解することには異論がないのですが、分割払いの額をめぐって、一方は五万円、他方は一〇万円というようなことで対立し、和解のできないことがあります。そのときに原告側が窮乏していて、そのために被告に対しものすごい悪感情があるというようなケースの場合には、私は、被告を説得して「五万円でよいから今月から毎月支払いなさい」と言って、現実に支払わせるようにしています。

原告にしてみれば、被告が「支払う、支払う」という言いながら、現に一銭も支払っていないというのが一番頭にきます。自分は一回一〇万円の支払いを要求しているのですから、五万円の支払いでは不満ではありますが、冷静に考えれば、まだ和解が成立していないのに五万円であっても毎月支払ってくれるというのは、すごく評価できることです。

支払う側にしましても、どうせ支払わなければいけないのですから、どんどん支払えばよいのです。

仮に、和解が成立せず、判決になったとしましても、現実に支払った額は弁済したということで認めますから、被告に不利益はありません。このように暫定的な額でも一部を和解成立前に履行させるようにしますと、当事者の感情的対立が緩和できますので、本論の分割金の額の交渉も円滑にいくのです。

このように、暫定和解は、暫定的であるがゆえに当事者双方が受け入れやすく、その内容を実行すれば、当事者双方にメリットがあるがゆえに双方の対立が緩和され、双方の対立がいったん緩和されるがゆえに元の泥沼には戻りたくない、という気持ちを引き出すという効果があるのです。

## 八　規範による和解手続のコントロールのやり方

これまでに述べてきました和解の技術は、もっぱら和解が当事者の合意により成立するという側面を重視してきたものです。しかし、和解は、裁判所において行われるものであり、判決の予測等による法的コントロールの側面を無視することが許されないのも裁判官としては当然のことです。

和解が当事者の合意により成立するという側面を重視しますと、これまで述べてきました和解技術についての議論は、もっぱら交渉を中心とするやり方について多く妥当するものであると言えます。

交渉を中心とするやり方は、当事者との真の対話を尽くした結果、和解の成立へと至った場合には、当事者双方の満足度が大きく、側でみている裁判官にとっても大変うれしいものです。和解が成立した当事者の姿に人生のドラマを見て裁判官自身が感動することもあります。

しかしながら、現実の事件は多種多様であり、当事者の人格も多種多様なのが実際の訴訟ですから、交渉を中心とするといっても限界があることを認めねばなりません。また、裁判所の法に従った厳正な判断を期待している当事者も多数おられますし、こちらのことも考えておかねばなりません。

ですから、現実の和解運営においては、判決の予測、具体的心証も常に裁判官の頭の中になければならず、当事者の一方が不当な意見を固執したり、交渉の方向が判決の予測と全く異なる方向へと進展していくような場合には、本来の土俵へ戻すべく、和解手続をコントロールしていかなければなりません。和解手続には、この判決手続を裏打ちした要素があるために、調停や他の裁判所外の紛争処理機関では処理できないような難件事案でも解決が可能となるのです。

判決の予測を和解手続の中に投影させるにつきましては、二つの場合に分けて考察する必要があります。

第一は、裁判官と当事者双方の間で判決の予測につき共通の認識がある場合です。判決の結論は、法律を大前提、事実を小前提として結論を出すという三段論法によっていますが、法律、事実ともに争いがなく、かつ、結論にも妥当性があるというような場合（例えば、貸金訴訟で事実には争いないが、現時点での一括返済は困難であるというような事例）は、和解が成立しなければ請求認容の判決が出るということは裁判官、当事者双方の共通の認識ですから、これを前提にして和解手続を進めればよいのです。

第二は、事実、法律、結論の妥当性等につき当事者に意見の対立があり、共通の認識を持つことができない場合です。この場合がなかなか難しいのです。

## (1) 事実につき争いのある場合

この場合、事実の存否は、究極的には証拠調べの結果と立証責任により客観的に定まっていると観念的には言いうるのですが、現実には、特に判断の微妙な事件では、裁判官の立場からみても容易に結論をつかめないケースも多いのです。まして、当事者にとっては、裁判官がどのような心証を有しているのか全く予測できないというケースも多いことと思います。

このようなケースでの和解運営は困難を極めるのですが、これを突破する方法のひとつに裁判官の心証を開示する方法があります。従来は、裁判所の中立性を意識するあまり、裁判官にはポーカー・フェース的な姿勢が期待されており、当事者に裁判官の心証を開示するということはあってはならないこととされていました。ところが、西ドイツのシュトゥットガルト方式が心証開示をすることにより積極的に和解を進めて成功したことが紹介されますと、日本でも心証開示を積極的に行おうという裁判官の方が多数となりました。

しかし、この心証開示は、やり方によっては当事者の激しい反発を買いますし、和解のときに開示した心証といざ判決をするときの心証とが一致しない場合はどうするのか等の問題点もあります。ですから、心証開示の時期、やり方、程度などがこれから議論されていかなければならないのですが、心証開示の妥当するケースを認めつつ、どの程度に積極的にやるべきか、どのような開示の仕方が妥当かということが大事になると思います。

結局のところ、心証開示がうまくいくかどうかは、不利な心証を開示された当事者が冷静にそれを受け入れることができるのかどうかにありますので、私自身は、①当事者本人の感情、代理人の性格、意向を見定め、②その時点での暫定的心証であることを説明し、③相手方のいない場所で行うということが基本となるのではないかと考えています。

私自身は、当事者の交渉を中心とする和解運営を基本としているためか、どちらかと言いますと、心証開示を積極的な武器として活用するタイプではありませんので、現実の局面では、「このような見方もありますよ」というように心証を匂わせる程度で、断定的な言い方はしないことをこれまでの基本型としていました。しかしながら、最近では、積極的に心証開示をする裁判官が多数となった結果、それにつれ弁護士の側も心証開示を希望する人が増えており、その希望に応えるために、私も第一版執筆当時よりは、心証開示を積極的に行うようになりました。

### (2)　法律の適用に争いがある場合

現実に起こっている事件は、本当に千差万別ですから、法律の適用について解釈上争いがあったり、法が欠缺していたりすることがあります。このような場合は、適用法条を確定しなければ判決の結論が出て来ませんので、裁判官は法の適用について意見を述べなければなりません。

なぜなら、本来法の適用は裁判官の責任ですし、裁判官の考えが不明であれば、当事者としても訴訟活動ができないからです。ですから、この場合は裁判官が表明した見解を適用して出した結論に基づき、和解手続を進めていくことになります。

### (3)　判決の結論の妥当性に問題がある場合

現行の法律が社会情勢や国民の法意識の変化によって、現在の国民の法感情に合わなくなったり、余りに形式的平等に徹しているためにかえって実質的公平を欠くようになっている場合があります。このような場合、裁判官が法律どおりの結論を出しますと妥当でない結論になりますので、何とか妥当な結論をもたらすために、和解を成立させたいと思うことがあります。

また、判決の結論としては、勝訴者が一〇〇パーセント勝つことはやむをえないというケースでも、敗訴する当事者の理屈、心情を反映させて、妥当と思われる線で和解を成立させたいと思うことがあります。これらの和解を正当化させるもの、それが明確化すれば、説得においても力を発揮すると思います。

私は、現在の実定法に対して、社会の一般人が持つ公平の観念、一種の和解規範とでもいうべきものが存在するように思います。

例えば、金を借りた債務者は、利息を付けて全額返済すべきであるとするのが実定法の定める規範ですが、債務超過になって苦しんでいる債務者の場合は、本人ができる範囲で誠意を示せばそれで済ましてやるという和解規範があると思うものです。同様に、保証人の場合や被告の方も被害者であるようなケースも合理的な範囲で責任を減額してやるべきであるとする和解規範があるのではないかと思うものです。

このような和解規範が掘り起こされていき、社会の一般的な合意になる程度にまで高められましたら、勝訴確実な当事者も和解規範が期待する程度にまで譲歩しやすくなり、妥当な和解が生まれ易くなるように思います。

ただ、この種の和解規範は誰もが納得するような形になっているものは少なく、現実には、手探りの状況で事件に臨まなければならないのですが、そのときに最後の拠り所となるのは、結局は常識だと思います。常識的な解決といえるかどうかが最後の決め手となるのです。

# 九　難件への対処の仕方

　これまで、るる和解のやり方について述べてきましたが、それで全部の事件ができるわけではありません。和解を試みても成功しないケースの方が多いと思います。この普通には成功しないケースの事件を難件と呼びます。このような事件を解決するためには大変な苦労がかかりますが、その反面、解決できたときは大変大きな喜びがあるものです。これまでの苦労が吹っとび、また、やってやろうと思ったりします。

　このような、難件を解決することも、難件でない事件を解決することも、基本は全く同一だということがまず大事です。これは、例えば、野球でボールを打つときに、バットでジャストミートしなければならないということは、草野球でもプロ野球でも同じだということと似ています。ただ違うのは、草野球では少々ミートが甘くても打つことができますが、プロの投手の球を打つには、本当に基本に忠実にジャストミートし、かつ、シャープに振りきらないと打てないということです。

　ですから、難件の場合は、プロ野球の投手の球に対するのと同様な気持ちが必要です。言葉を変えて言えば、これまでに修得した技術をさらに一段強力にするとともに、いくつかのやり方を合せること（少なくとも三種）、タイミングを掴むこと、新たに発想法を転換することが必要になります。

第一に必要なことは、この難件を解決しようという強い熱意を持つことです。そのためには、本当に粘り強く頑張らなければなりません。判決の時期もまだつかめないような事件の和解を始める場合には、一年は頑張ろうとか、最低一〇回は期日を持とういう気持ちが必要です。

私が扱った労働事件の中には、私が始めて一年やっても解決せず、次の裁判官が引き続いて頑張って、二年近くかかって解決したというのもあります。この場合、何でそんなに頑張れるのかとか、やれるネタがあるのかと思われるかもしれませんが、このように長くやる事件というのは、当事者双方が合意できるポイントがないか、あっても極めて小さいために通常のやり方ではうまくいかないのです。天体望遠鏡でいきなりお目当ての星を探そうという感じになってしまうのです。

ですから、いきなりやってもうまくいかず、いろいろ方法を変えて試行錯誤を重ねていかなければなりませんから、なかなか最終の目的地が分からないのです。ひどいときには、原告、被告と共にあてもない旅に出て、荒れ野をさまよったり、当事者と呉越同舟で漂流をしたりするのです。

このような、見とおしも持たずにあてもない旅に出るということは、従来やってはならない方法とされていました。私は、自分の経験から、和解に一年以上かけた事件は、ほとんどが和解成立することを知っていますので、心配していません。不安を持たれた方も、恐れることなく頑張ってほしいと思います。そして成功経験を積んでほしいと思います。よしんば失敗しても、それが貴重な経験になります。ここまでやらないで引き返しては、結末を自分の目でみていないので、次の事件への力とはなりえないのです。

それから、一年以上かけると、なぜほとんどの事件が和解できるようになるかということには、別の理由もあると考えています。それは、裁判官が熱意を持って和解をやるという現実の前に、人間としての原告と被告の意識が変化し、裁判官に対してこの和解を成功させて裁判官を喜ばせてやろうという方向に変化するからではないかと思っています。

それに、当事者同志の間でさえも、和解解決を目指そうとする共同作業をしていくうちに、相手方に対する対立の要素が希薄になり、当事者双方の共通の利益を探ろうというように意識が変化するからではないかと考えています。

第二は、最終の目標を目指すよりは、まずは小さな合意の成立を目指すようにすることです。自動車を走らせるときは、トップ・ギアーで走ることを目的としますが、その前にはロー・ギアーで発進できることが前提となります。まずはロー・ギアーで発進できるかどうかの方が重要問題なのです。もっと突き詰めれば、エンジンがかかるかどうかの方が一番大事な問題なのです。

ですから、このエンジンがかかるという段階のことを、和解でもまず目指すのです。「百里の道は九十里が半ば」という諺があり、これは確かにそのとおりなのですが、和解の出発点という観点でいえば、「百里の和解も一歩から始る」という表現の方が諺としては適切だと思います。とにかく、どんな小さいことでも裁判官の主導により合意を成立させることです。これが百里の和解への一歩となるのです。

一例を挙げますと、会社と組合が真っ向から対立している労働事件では、解雇、賃金差別、団体交渉拒否、掲示板等の施設利用のトラブル、チェックオフなどあらゆるところで、いろいろな対立があります。もちろん、それらをすべて解決することを和解の目標とするのですが、労使の相互不信が極限に達している状況下では、すぐに本論に入ろうとしても無理です。

本論に入るまでに、少し時間をかける必要があります。そのときに、誰にでもできるうまい方法を紹介します。労働事件の裁判のときは、会社側の労務担当者や組合側の責任者が通常出頭してきています。会社側の人は、仕事としてきていますから有給休暇を取る必要はありませんが、組合側の人は、組合活動としてきていますから有給休暇を取ってきているのです。これは組合側にとってはなかなかつらいことなのです。

私は、和解に入る前に、会社側に対して、「弁論は争いの場だから、組合員は筋を通して有給休暇を取って出頭すべきだが、和解は円満に紛争を解決するための交渉の場だから、会社側にもメリットがあることなので、私の和解期日に出頭するときに限り、組合員に人数を限って特別休暇をやって、有給休暇を取らないでよいように配慮してほしい」と言うことにしています。

これは、普通にはちょっと気がつかないところで、提案された方は、裁判官は労働者のことをよく知っているなと感心してくれます。労働者側は、このようなことでも会社側は応じないだろうという不信感を持っています。でもこれくらいのことは会社側にしてみたらたいへん小さな譲歩ですし、これにこだわって裁判官に訳の分からない会社だと思われてもつまらないと思って、応じてくれます。

この小さな合意は、裁判官主導でできたものだけに、これからの和解手続に際して裁判官の指導力に良い影響を与えます。このような小さな配慮をして和解に臨むか、漫然と臨むかでは大きな差になります。特に難件の場合には決定的な差になりますから、軽視してはいけません。

第三は、事件を離れて、当事者双方が現在一番困っている問題の解決に当たります。これを暫定和解で解決するのです。

私がやった二〇年紛争が続いている賃金差別の労働事件で、どのように暫定和解を使ったかを述べてみます。この事件は、私が和解に入ったときに、組合側が別件の緊急命令に使用者が違反しているとして大阪地裁に過料の申立てをしていました。過料決定が出されると使用者側が硬化せざるをえず、紛争の解決が困難になります。

和解での最初の目標は、この別件の過料事件を円満に解決することにありました。この過料事件は、会社が敷地内ではあるが別棟のプレハブ建物でしか団体交渉に応じないことが敷地内で団体交渉を命じる緊急命令に違反するかどうかでした。議題、時間、出席者の範囲については対立がありましたが、団体交渉の持ち方に暫定的な合意をさせることにより、過料事件を不処罰で終らせることに成功しました。このことにより、会社側の喉に刺さっているとげをぬくことができ、次の問題点に入ることができたのです。

次は、チェックオフや施設利用の問題でした。これも深刻な対立が続いていました。チェックオフは会社側だけで実行が可能なので、労使間に抽象的な合意が成立すれば、それでよいのですが、施設利用の問題は、利用時間、利用目的、利用回数などで対立があり、それに利用手続でもどれくらい前に申請するかで利用者側の発想と管理者側の発想が対立し、調整がなかなか困難でした。

この施設利用の問題は、抽象的な合意が成立しても運用がうまくいかないので、一件毎に個別的に使用の是非を考えることにしました。当事者双方で意見が対立したときは私の方に上げてもらい、個別にアドバイスしながら施設の利用を認めるようにし、一定の基準を作るように運用しました。

これが終わって、次に目指したのは、これまで労働委員会で出された命令で差別賃金の支払いを仮払いさせることでした。こうすることにより、労働者側の早期救済を図るとともに、和解成立の日が近いということを当事者双方に身体で知ってもらおうと思ったのです。

この仮払いも紆余曲折はありましたが、なんとか合意させることに成功し、当事者双方に和解成立の日が近いと実感させることができました。この段階は、登山にたとえれば、苦労しつつ山に昇り、頂上が初めて見えたという感じです。こうなると今更下山することはできません。這ってでも登ろうという気になります。

また、一〇年以上労使紛争が継続していた書店の事件では、解雇者の全員の復職を求める労働側とそれを拒否する経営側との対立が続き、行き詰っていました。この局面を打開するには交渉だけでは駄目で、何か双方が共同行為をしなければならないと考えました。

そこで、考えついたのは、テスト就労ということでした。解雇労働者全員に一ヵ月間試験的に職場復帰をしてもらい、実際に勤務をしてもらう、テスト就労終了後、和解交渉を再開するというものです。このテスト就労を合意し、実行させるために一年以上の期日を要しました。

そのため、テスト就労実施中に私が他部署へ異動するということがあり、他の裁判官にリリーフしてもらい、結局パートタイマーを除き、全員が復職することで和解が成立したと聞きました。テスト就労後三ヵ月くらいで合意したそうです。このテスト就労が即復職につながるかどうかということは、思いついた時点では分かりませんでしたが、テスト就労することにより、双方が現実に復職が可能かどうかを肌で体験できるために、その後の和解交渉が実質的な事項に及ぶことが可能になるという直感だけはありました。

余談になりますが、こういう対立の厳しい当事者の間でテスト就労などの双方が共同する行為を暫定的に実行させるということは、現在でも困難な紛争が発生しているのに、さらに新たな紛争を発生させるだけではないかと考えられる人も多いかと思われます。しかし、現実にはこのような不安感がかえって暫定合意を成功させる方向に繋がるのです。

経営者側は、どうせまともに労働しないのではないかという不信感がありますから、要求水準が低いのです。一方、労働者側は、普通どおりの労働では評価しないだろうと経営者側に不信感がありますので、ケチをつけられないようにしっかりやろうという気持ちになります。ですから、意外とうまくいくのです。困難な事件ほど暫定和解は有効な方策なのです。

第四は、難件では、最終段階での気迫です。「終盤は力」と勝負事ではいいますが、和解においてもそれがいえます。難件では、最終段階でも対立の大半は解消していません。中盤までは、十分に時間をかけ、小さな合意の成立を目指してやるのですが、終盤では一挙に残りの問題を一括して合意成立に持っていくのです。

感覚的にいえば、序盤は一〇パーセントの時間で一パーセントの合意を目指し、中盤では八〇パーセントの時間で九パーセントの合意を目指し、終盤では一〇パーセントの時間で残りの九〇パーセントの合意を目指すといってよいと思います。

残りの事項を一括して解決するためには、双方にそれぞれ書面で和解案を出してもらいます。そしてそれを双方で交換し、一度修正案を作ってもらいます。普通、修正案の段階でもなお対立が強く、交渉を続けるだけでは合意の成立は困難です。

この段階で、裁判所から職権案を出します。双方が呑める案を作れるかどうかは腕の見せどころですが、職権案として出しますと簡単に修正できず、裁判所自らが拘束され、小さな点の対立が命取りになることもあります。このような難件の場合には、職権案は複雑に出すか、単純に出すようにします。

案を複雑に出す場合は、ある事項は原告に有利に、ある事項は被告に有利にというふうにはっきりどちらかに有利であると分かる事項を入れます。それ以外の事項は、裁判所が客観的基準若しくは思想をもって案を作れる場合はそのようにし、それができない場合は足して二で割ります。他に案がないという場合の足して二で割る案というのは、立派な応用型です。

案を単純に出す場合は、双方に満足させるような案を作るというより、双方とも不満が残ることが互に分かるような案にします。相手も大変不満に思っているなということが公平感を与えるのです。喧嘩両成敗といえば古い感じはしますが、自分だけが不利に扱われたという不満はありません。

論点が多い割に当事者の出方がもうひとつ不透明という場合は、最低限必要な事項だけに絞って案を作り、それ以外の事項についてはなお交渉を続行し、合意ができたときは追加して和解条項に入れるが、合意できなかった場合でも当初の案どおり和解を成立させることを約束してもらいます。この約束ができない場合には和解は打ち切るというものです。こうすると基本的合意ができますので、小さなことの対立で和解全体が不成立になるという危険性が減ります。

とにかく、ある程度のあそびは、ブレーキやハンドルにおけるあそびと同様に和解手続でも必要になってきます。労働事件では和解成立の日が近くなるといろいろな問題点が出てきますが、そういうものもできるだけ解決できるように裁判官自身としても努力するのですが、それらが解決できなくても和解の成立には影響を及ぼさせないという態度が大事です。最後には、和解調書には盛り込まずに当事者双方の口頭了解や裁判官の見解表明などで事態を収拾させる裏技が必要となることもあります。

## 一〇　和解運営の理念的モデル（交渉中心型と心証中心型）

和解技術論は、よりよい和解を目指すための合目的的議論ですから、あくまでも現実の実務（医学でいえば臨床医学）が中心ですが、和解手続の本質とは何かというような理論的（医学でいえば基礎医学）なことも考えておくことが有益であると思います。臨床と基礎、実務と理論というようにその間を何度もフィードバックすることも、自分のやり方を反省し、新たな道を模索するためには大事なことです。

私は、和解手続の本質は「判決手続の中で裁判官が媒介するところの紛争解決を目的とする当事者間の交渉である。」というように考えています。これを分析してみますと、「判決手続の中で裁判官が主宰する手続」という要素と、「第三者である裁判官が媒介するところの当事者間の交渉」という要素の二つに分解されますから、理念的には判決手続の中で裁判官が主宰する手続を中心に考えるモデルと第三者である裁判官が媒介するところの交渉を中心に考えるモデルとが考えられることになります。私は前者を心証中心型、後者を交渉中心型と呼んでいます。

心証中心型は、和解手続の本質の中で裁判官が主宰するという要素を重視するもので、裁判官は弁論手続におけるのと同様に判断者としての立場を維持し、交渉としての面、特に当事者による駆け引きを排除しようとします。和解手続をコントロールするものは裁判官の心証であり、当事者に対する最大の説得法は勝訴の可能性ということになります。

これに対して、交渉中心型は、和解手続の本質の中で第三者が媒介するところの交渉としての面を重視するもので、裁判官は当事者間の交渉が成立するように、当事者の対話を促す第三者の立場に立つことになります。和解手続をコントロールするものは当事者間の対話であり、根底に流れるものは当事者に内在する自主解決能力への信頼であります。

この二つの型はあくまでも理念的に考えてみたもので、それぞれに欠点があり、これを純粋な形で維持することはできません。心証中心型の問題点は、裁判官と当事者の距離が拡大し、当事者の主体性が弱まるということです。裁判官は判決の結論を予測し、これを基礎として妥当と思われる和解案を考え、これを当事者に示し、当事者の意見を聞きながら若干の修正を加えるということになります。このため、最初から土俵が狭く設定されていますから、当事者が良い知恵を出し合いながら妥当な和解案を作り上げていくという要素に欠けています。

当事者はどうしても裁判官の和解案を受け入れるかどうかという受け身の立場に立たざるをえなくなりますし、また、裁判官の側からみても、当事者の心情を考えて説得しようということよりも、嫌ならいつでも判決するだけだという説得法になってしまい、当事者に不満の生じる和解を生む原因となってしまうのです。

これに対して、交渉中心型の問題点は、当事者間の交渉を中心とするために、当事者の力に強弱があったりすると一方的な交渉に終わってしまったり、成立した合意の内容が法の趣旨に反したり、判決の結論と大きく異なったりする危険性のあることです。当事者の一方が強くその意見を固執するというような場合には、いわゆるゴネ得を許す結果となることもあります。

また、当事者の中には裁判所の公正な判断を期待して調停を避け、訴訟を選択した者もかなりいると思われますが、このような当事者は裁判所の強力なリーダーシップを期待しているものと思われ、当事者の交渉まかせの対応ではその期待を裏切り裁判所に対する不信を招くことになってしまいます。

結局、心証中心型、交渉中心型のいずれも理念的な型を想定しただけでは現実に適合しない不都合な点があるので、現実のモデルとしては両モデルを融合した型にならざるをえません。

心証中心型に立って、その欠点を回避するには、交渉としての要素を拡大するしかありません。心証中心型の課題は、判決の結論が妥当性を欠く場合に妥当な和解を成立させることによって判決のもたらす不合理性を回避することですが、この場合には、当事者の間に対話を成立させていくようにしないと、勝訴確実な当事者に譲歩させることはできないからです。

また、交渉中心型に立ってその欠点を回避するためには、心証に基礎を置いた裁判官の助言、指導が不可欠になります。交渉中心型の課題は、当事者の一方にゴネ得を許さないことですが、この場合には、法律に従った判断、すなわち判決の結論を常に念頭において強力に説得したり、時には毅然とした態度を取らなければならないこともあるからです。

このように現実のモデルとしましては、心証中心型であっても交渉を加味する必要があり、交渉中心型であっても心証を加味する必要があるのです。ですから、現実のあり方としましては、両モデルを融合し（融合型）、判決の結論を予測しつつ、それを上回る解決案を模索しながら、事件の事案、内容、当事者の意識、感情等を考慮して心証中心と交渉中心の間を微妙に舵取りしていくことが必要となります。

ただ、従前は裁判官の中に心証絶対の観念が強固に存在し、交渉的思考は無視若しくは軽視され過ぎていたといっても過言ではありませんので、本書におきましては交渉の重要性を指摘することが特に必要であると思います。

また、融合型といいましても、心証中心型と交渉中心型のどちらのモデルがより基本的かという理論的な問題点は残りますし、現実の和解運営においてもどちらを基本と考えるかによってかなりの差が出るように思われます。この点について、私は、交渉中心型を基本として心証を加味する方式（心証を加味した交渉中心型）が基本になるように思っています。

その理由の第一は、民事関係は何といいましても私的自治が基本となるのですから、民事紛争を解決するに当たりましても、当事者による自治的解決がまず期待されているということです。

第二は、交渉は当事者が紛争を解決するための最も基本的な手段でありまして、現実に発生している紛争の大部分は当事者間の自主交渉により解決されているということです。ですから、裁判所に持ち込まれているものの方が少数でありまして、紛争解決制度全体からみれば、交渉による解決の方が原則的位置を占めているのです。

第三は、和解手続が判決手続の中で裁判官の主宰のもとに進められているということは他の紛争解決制度に存在しないところの和解の際立った特徴ではありますが、それはあくまでも他の制度と比較した場合での特徴でありまして、和解手続の本質の中でどれが一番基本かという議論の中では余り重要ではないと考えられるからです。

第四は、当事者には本来自分の力で紛争を解決する自然の力が備わっているのでありまして、その力を十分に引き出すためには、当事者が自分自身で紛争の問題点を把握し、解決しようと努力することが必要となります。そのためには当事者を交渉の主体として認識する必要があるからです。

これからの和解運営におきましては、この交渉の観点を取り入れますと和解運営の幅、奥行きが広がり、当事者のニーズに応えられる範囲も広くなりますし、交渉術、説得術、レトリック、対人社会心理学、人間学などの成果を取り入れることも可能になるのです。当然、和解技術論の幅、奥行きも広がってくるのです。

本章の考え方は、私が以前発表した「和解手続において裁判官と当事者が果すべき役割」竜嵜喜助先生還暦記念『紛争処理と正義』四五七頁（信山社・一九八八年）に基づいています。

## 一　和解技術論と和解手続論

和解手続論とは、裁判官の和解の試みに手続的規制が必要であるとの議論で、山本和彦教授や垣内秀介助教授により近時有力に主張されているものです。平成八年五月一九日に開かれた第六六回民事訴訟法学会大会ミニシンポジウムでは「訴訟手続きにおける合意」というテーマで議論がされましたが、山本和彦教授は、次のように和解手続論の必要を主張されました（民事訴訟法雑誌四三号一一三頁、該当個所は一三〇頁・一九九七年）。

訴訟上の和解の現下の最大の課題はその手続的規制の充実にある。訴訟上の和解の有用性は、実務・学界両者において原則的に承認され、和解を成立させるためには何をすればよいかという「和解技術論」の研究は進んでいる。しかし、和解であってもそれが裁判制度という国家の権力装置の内部で行われる行為である以上、その権力的側面には常に配慮する必要がある。その観点からは、和解において（いかにそれが和解成立に寄与するものであっても）何がなされてはならないかという「和解手続論」の構築が公法としての民事訴訟法にとって不可欠の課題と考えられる。

この和解手続論というものについては、私を含め実務家がこれまで意識して来なかったものです。なぜなら、訴訟上の和解というものは、言い渡されるまで結果が判明しない判決とは異なり、紛争をどういう条項で解決するかというその条項の内容について交渉し、合意を成立させるものですから、そもそも手続的規制は必要ないと考えていたためです。また、訴訟上の和解といっても訴訟外の和解とその本質は異ならないものであり、訴訟上の和解についてのみ手続的規制を要求することは正当ではない、と考えていたのです。それが、和解手続論の提言により太平の眠りを覚まされました。

私の和解技術論とは、要するに、どうしたら当事者の納得する和解ができるかという和解技術についての議論です。従来、裁判官個人がそれぞれに工夫し、優れた和解技術を持っていたとしても、それが個人の技術として埋没されているという状況を憂え、和解技術を裁判所の共通の資産とするために和解技術について議論をすることが有用ではないかというものです。そのために、和解手続を静態的に見るのではなく、動態的に見て和解成立を目指す目的的議論であり、和解成立に有用ないろいろな技法を取り入れようとするために、裁判官の和解勧試を手続的に規制しようとすることに対しては、違和感を持ちます。

もっとも、訴訟上の和解は、判決という強制権力を行使しうる裁判所が仲介してなされるものであり、制度必然的に当事者に対する間接的強制の契機が存在すること、和解調書には執行力という実体的和解契約にはない強い効力が認められていること、和解が失敗した場合の判決の可能性を念頭において考察する必要があること、の特殊性があることは否定できないところです。この点は、裁判官としても留意すべきであり、裁判官が実際に和解手続を主宰する場合に配慮をしなければならない点ですが、これを手続的規制と表現することが妥当かということは疑問です。和解を試みる裁判官には当事者の納得する和解手続を勧めるための手続的配慮義務があると表現することの方がよいように思います。そして、手続的配慮義務違反が重大である場合は違法と評価されることもありうると考えます。

手続的配慮義務を裁判官の義務とした場合、和解技術論とどういう関係に立つのかが問題となります。和解技術論は裁判官の自由性を基本とするものでありますが、どんな和解でも成立すればよいというものではなく、当事者の納得する良い和解を成立させなければならないのですから、現在の和解技術論の立場からは、当事者の納得する和解手続となるように手続的配慮をすることは当然であるといえます。

この種の手続的規制が主張されるようになった背景には、現在の和解の隆盛があるものと思われます。なぜなら、和解について、いろいろな苦情が言われたり、様々の批判にさらされたりするということは、それだけ和解が評価されるようになったことの裏返しであるといえるからです。私がある種の緊張を持って自分を和解派と名乗ったことが懐かしく思われます。和解が隆盛となっている現在においては、和解についての様々な意見も、制度の利用者の貴重な声として裁判所側も聞かなければならない時代になったとつくづく思うものです。

本章の考え方は、私が以前発表した「和解技術論と和解手続論」新堂幸司先生古稀祝賀『民事訴訟法理論の新たな構築』（上巻）四九一頁（有斐閣・二〇〇一年）に基づいています。

## 一二　和解を苦手だと思っている人へのアドバイス

和解が苦手だが上達したいと念願している人へ私の言葉を贈りたいと思います。それは、「自分の成功例に学べ」ということです。従来、「失敗は成功の基」という格言があり、確かにこのことは本当のことだと思います。私も、失敗した場合、どうして失敗したのか、今度はこのようにしてみようとか、こんな言い方をしてみようとか、あれこれ考えたものです。そのことによって、和解技術が進展してきたことは事実です。

しかし、このことはだれも意識するとしないとにかかわらず、皆実行していることであって、特に意識して実行を心掛けようとする必要はないものだと思います。和解技術を上達したいと念願されている方なら皆残らず実行されているものです。それよりも、私は、「自分の成功例に学べ」と言います。

どんな和解が苦手な人でも、これまでに何回かは和解に成功したことがあるでしょう。そのときに、どうして成功したのかその原因を考えて欲しいのです。そしてそれを他の事件に応用して欲しいのです。原告と被告とに分かれて裁判にまでなった事件というのはそう簡単に和解できるというものではなく、できるからには何か理由があるのです。

運が良かったという場合もあるかも知れませんが、運も実力のうちです。こうやったから運が良かったのではないかと考えているうちに、自然と運を引っ張ってくることができるものです。

自分のやり方の良いところが分かりますと、どんどん他の事件に応用することができるのです。また、他の人のやり方の良いところも自然と吸収することができるようになるのです。人の術を自分のものにするためには、自分の良さが分からないとできないのです。

私は、これまで何度か、他の裁判官から、「あなたのいうとおりにやってみたけれども失敗した、自分にはできない」ということを聞いたことがあります。私がそれを聞いたときにいつも思うのは、自分が本来持っている技術を否定して私の技術を入れようとしてもうまくいかないということです。自分の技術を基本として、私の技術を応用として加味したのならうまくいったのではないかと思えてなりませんでした。

私の和解技術論もつきつめてみれば、自分が成功した例の中から良かったというものを抽出したにすぎません。でも、このことが「自分の成功例に学べ」ということを自分自身が無意識に実践してきたことなのだと今になってしみじみ感じるのです。

ですから、和解を苦手だと感じている人は、「自分の成功例に学ぶ」ということを実行されるようおすすめします。そして、このことは和解に限らず、判決や裁判所の他の手続においても同様だと思います。このような個人の努力の積重ねがあれば、時代の先行きが不透明で紛争解決がますます困難となっている現代においても、国民の信頼に応えることができる司法の役目をはたせるのではないかと思います。

余談となりますが、よく他の方から、「失敗例も紹介して下さい」と言われることがあります。しかしながら、私自身は、失敗というのは、まだ、成功していない状態を表現している言葉であり、成功への通過点の一態様に過ぎないと考えています。ですから、たとえ説得に成功しなくて、和解をいったん打ち切ったとしても、それを失敗であるとは考えないようにしています。

# 一三　終わりに

本書は、私が、紛争解決という自分の職務の中の一つである和解に焦点をあて、裁判官や弁護士の実務家、訴訟理論を研究する学者に対して、参考として自分の和解技術について考えていることを紹介することを目的としたものですが、書きおえてみて、自分自身の人間学をしているような錯覚におそわれています。

私自身が感想として感じるのは、和解というのは紛争解決の一局面ですが、それは人間と人間との間に起こるもので、それを解決する基本は人間というものを、自分自身も人間である私がどう考えるかだなということです。

人間という視点でみれば、私たちが誕生するはるか以前から人間は存在していましたし、紛争ははるか以前から存在していました。裁判制度が存在していなくても、過去の人間は叡知を出し合って紛争を解決してきたものであり、そこに人間の知恵というものを感じます。

現実の一人の自分をながめますと、紛争解決以外にも、裁判所の他の仕事、職場内外の関係、家庭、親族関係などで、いろいろの行動をしていますが、そこにはすべてに通じる人間としての基本原理があるように感じます。

この本が過去からの人間の知恵や人間としての基本原理にかなっているとしましたら、裁判制度を理解していない人が読まれても十分理解が可能であるし、裁判以前の自主交渉にも応用できますし、人間生活一般にも参考になるのにと感じました。

本書では、この点が未だしであり、到底完成されたものとはいえないのですが、人間学的な和解技術論を目指してさらに発展すべく、一里塚となればと思います。

# 参考文献

本書は、理論を目的とした学術文献ではなく、個人のノウハウを中心とした技術書ですから、文献の引用は最低限にしています。

和解技術については、他にも参考となる文献がありますので一括紹介します。興味を持たれた方はどんどん読まれたら身につくことと思います。

和解についての文献で技術の面で参考となるものは、次のようなものです。


武藤春光「民事訴訟における訴訟指揮について――釈明と和解を中心にして」司法研修所論集五六号（一九七五年）九〇頁。加藤新太郎編『民事訴訟審理』（判例タイムズ社・二〇〇〇年）二五頁にも収録されています。

西　理「民事裁判における訴訟運営の理論と実際」判例時報一一〇四号九頁（一九八四年）

竜嵜喜助「市民のための民事訴訟法」判例タイムズ四五二号一六頁（一九八一年）

伊藤　博「和解勧試の技法と実際」司法研修所論集七三号二二頁（一九八四年）

田中　豊「民事第一審訴訟における和解について――裁判官の役割を中心に」民事訴訟法雑誌三二

号一三三頁（一九八六年）
後藤勇・藤田耕三編『訴訟上の和解の理論と実務』（西神田編集室・一九八七年）
小島武司・飯島澄雄・須藤正彦『民事実務読本Ｉ　相談・訴訟準備（第二版）』（東京布井出版・一九九二年）
小島武司・加藤新太郎・田辺信彦・羽田野宣彦『民事実務読本II　弁論・攻撃防御』（東京布井出版・一九九〇年）
小島武司・加藤新太郎編『民事実務読本（別巻）和解・法的交渉』（東京布井出版・一九九三年）
司法研修所編『民事訴訟のプラクティスに関する研究』一四一頁（法曹会・一九八九年）
那須弘平「謙抑的和解論」民事裁判の充実と促進・木川統一郎博士古稀祝賀（上巻）六九二頁（判例タイムズ社・一九九四年）
井上正三・高橋宏志・井上治典編『対話型審理』（信山社・一九九六年）
座談会「当事者本人からみた和解――実態調査の結果を踏まえて」判例タイムズ一〇〇八号四頁（一九九九年）
座談会「民事司法の機能の現状と課題――『現代社会と司法』を読み解く（第一部　ＡＤＲと訴訟上の和解）」判例タイムズ一〇二七号二二頁（二〇〇〇年）。加藤新太郎編「民事司法展望」三頁（判例タイムズ社・二〇〇二年）にも収録されています。

垣内秀介「裁判官による和解勧試の法的規律(一)(二)」法学協会雑誌一一七巻六号七五一頁（二〇〇〇年）、一一八巻一号九三頁（二〇〇一年）
田中堅一郎「民事裁判における和解過程に影響を及ぼす社会心理学的要因についての考察」法と心理一巻一号二八頁（二〇〇一年）
齋藤　哲「民事紛争解決における合意をめぐる諸問題」法と心理一巻一号三九頁（二〇〇一年）
冨田潔・佐藤陽「和解への関与の在り方を中心とした書記官事務の研究」書記官実務研究報告書三四巻・裁判所書記官研修所（二〇〇二年）

調停については、次のものがあります。

梶村多一・深沢利一『和解・調停の実務（四訂版）』（新日本法規・一九九九年）
今井盛章『心を動かす　紛争相談・調停・説得の技術』（学陽書房・一九八二年）
井垣康弘「家事調停の改革」判例タイムズ八九二号八頁（一九九五年）
レビン小林久子『調停者ハンドブック』（信山社・一九九八年）
レビン小林久子『調停ガイドブック』（信山社・一九九九年）
平柳一夫『遺産分割の調停読本』（信山社・二〇〇一年）

説得術、交渉術や紛争解決全体を考察するものとして、次のものがあります。
D・カーネギー『人を動かす』（山口博訳、創元社・一九五八年）
ロジャー・フィッシャー他著・金山宣夫他訳『ハーバード流交渉術』（TBSブリタニカ・一九八二年）。三笠書房の知的生き方文庫にも入っています。
フリチョフ・ハフト著・服部高宏訳『レトリック流交渉術』（木鐸社・一九九三年）
廣田尚久『紛争解決学（新版）』（信山社・二〇〇二年）
太田勝造『民事紛争解決手続論』（信山社・一九九〇年）
和田仁孝『民事紛争交渉過程論』（信山社・一九九一年）
和田仁孝『民事紛争処理論』（信山社・一九九四年）
和田仁孝・太田勝造・阿部昌樹編『交渉と紛争処理』（日本評論社・二〇〇二年）
大渕憲一編著『紛争解決の社会心理学』（ナカニシヤ出版・一九九七年）
座談会「法律実務家のスキルとしての交渉」判例タイムズ一〇四四号四頁（二〇〇一年）

私が和解について書いた文献を参考までにまとめて紹介します。
「和解技術論」判例タイムズ五八九号八頁（一九八六年）
翻訳　Peter J. Stern　訳「A Discussion of Compromise Techniques」（LAW IN JAPAN VOLUME24:138,

1991)
「和解技術論」日弁連研修叢書『現代法律実務の諸問題（上）〈昭和六二年版〉』五一五頁（第一法規・一九八八年）
「和解手続において裁判官と当事者が果すべき役割」竜嵜喜助先生還暦記念・紛争処理と正義四五七頁（信山社・一九八八年）
「訴訟上の和解についての裁判官の和解観の変遷とあるべき和解運営の模索」判例タイムズ七〇四号二八頁（一九八九年）
「和解条項（金銭貸借訴訟においてなされる裁判上の和解について、その和解条項を具体例に基づいて説明せよ）」薦田茂正・中野哲弘編『金銭貸借訴訟法（裁判実務体系13）』四七九頁（青林書院・一九八七年）
「民事保全における和解」民事保全講座二巻三〇八頁（法律文化社・一九九六年）
「裁判所における労働事件と訴訟上の和解」日本労働研究雑誌四三六号一三頁（日本労働研究機構・一九九六年）
「和解」塚原朋一他編『新民事訴訟法の理論と実務』下一六三頁（ぎょうせい・一九九八年）
「和解実務の過去、現在、未来」司法研修所論集九六号一〇〇頁（一九九八年）
「私の訴訟運営——人間としての基本原理から」Court Clerk『書記官』一七九号二〇頁（一九九九年）
「和解技術論と和解手続論」新堂幸司先生古稀祝賀・民事訴訟法理論の新たな構築（上巻）四九一頁

（有斐閣・二〇〇一年）
「人間学的訴訟運営論」吉村徳重先生古稀記念・弁論と証拠調べの理論と実践九二頁（法律文化社・二〇〇二年）
「家事調停における説得の技術論」ケース研究二七五号三頁（二〇〇三年）

私が座談会やシンポジウムで発言したものとして次のものがあります。

座談会「裁判官の和解技法——日米比較」判例タイムズ八八三号四頁（一九九五年）
ミニ・シンポジウム「訴訟手続における合意」民事訴訟雑誌四三号一一三頁（法律文化社・一九九八年）
シンポジウム「調停の技」井上治典他編「現代調停の技法——司法の未来」三頁（判例タイムズ社・一九九九年）

# 第二版あとがき

早いもので、第一版を出版してから八年が経過しました。この間に、日本の社会や司法をめぐる状況は大きく変化しました。新民事訴訟法が施行されましたし、司法改革を求める世論が高まり、あらゆる面で司法の現状と未来をめぐり検討がなされ、立法されようとしています。日本の司法は現在最大の変革期を迎えているのです。

今回、改訂作業を実施してみて感じたのは、第一版当時よりもさらに和解が隆盛になっていること、新民事訴訟法も和解が便利になるように規定を新設したり、会社の代表者訴訟での和解について立法的に解決がされたり、人事訴訟法で和解ができるように改正される予定となったりして、和解がやりやすいように環境が整備されていることを強く感じました。反面、人間としての当事者と人間としての裁判官がどのように対話すべきかという説得や交渉の技術について述べている箇所は、ほとんど手を入れる必要を感じませんでした。私は、今回の改訂作業を通じて、刻々と変化していくものと何年たっても変わらないものとがあることを肌で感じたのです。そして、この何年たっても変わらないものを追求していくことを一生の目標としたいと思いました。

私が第一版を出版した当時は、福岡地方裁判所小倉支部第一民事部で勤務していましたが、その後、福岡地方裁判所第五民事部、さいたま地方裁判所第一民事部で勤務し、鹿児島地方・家庭裁判所長を経て、現在広島高等裁判所第四部で民事の控訴事件の裁判長を務めています。その間に、事件の当事者本人、訴訟代理人、裁判所の職員、同僚、調停委員、大学関係者、友人その他多くの方々と接することができ、自分個人としても、また、和解技術論としても発展があったように思います。今回の第二版を出版できるのもこれらの方々から力をもらったからだと思います。

最後に、私の人生の発展と和解技術論第二版の改訂に力を与えて下さった多くの方々に感謝し、御礼を申し上げます。

二〇〇三年（平成一五年）五月一八日

草野芳郎

## 第一版あとがき

今回、和解技術論を単行本として出版することができましたが、感慨に耐えません。ここまでになるには、事件を通して当事者本人や代理人から吸収したもの、先輩、同僚、後輩の裁判官から得たもの、書記官、事務官から得たもの、弁護士、学者、調停委員の方から得たもの、民間の友人から得たもの、家族から得たものなどが複雑にからみあっています。民事事件だけでなく刑事事件の感覚や、趣味の将棋の感覚も隠し味として入っています。

自分の裁判官としての二四年の歩みを感じるとともに、四九歳まで生きてきた人間としての自分の人生そのものだとも思います。

たくさんの方が私の力となっていますが、特に判例タイムズの和解技術論の誕生とその後の発展及び本書の出版に力となった方にお礼を言いたいと思います。

和解技術論の前身となった和解方法論を昭和五八年（一九八三年）七月九日、集団と裁判研究会で報告する機会を与えて下さった九州大学の井上正三教授、吉村徳重教授にまずお礼を言いたいと思います。

和解技術論と初めて題したのは、昭和六一年（一九八六年）一月一九日、生活紛争処理研究会（略称、ＭＤ研—Minor Dispute Resolution 代表者新堂幸司）の報告においてでしたが、その際、東京大学の新堂幸司教授（当時）、高橋宏志教授にお世話になりました。

竜嵜喜助教授には、生活紛争処理研究会での報告を判例タイムズ誌へ発表するのに御尽力いただきました。判例タイムズ誌での発表により、和解技術論が私の知らない方にも広く知られるようになりました。

沖縄弁護士会の新里恵二弁護士には、昭和六二年（一九八七年）九月三日、昭和六二年度日弁連夏期研修で和解技術論の講義をする機会を与えていただき、私に和解技術が裁判所のみならず、弁護士を含めた司法全体の共通の資産となるべきだとの視点を開かせていただきました（「和解技術論」日弁連研修叢書『現代法律実務の諸問題（上）〈昭和六二年版〉』五一五頁・第一法規・一九八八年）。

九州大学の井上治典教授には、昭和六三年（一九八八年）四月二四日熊本大学で開催された第五八会民事訴訟法学会大会での個別報告へ御尽力いただきました（「訴訟上の和解についての裁判官の和解観の変遷とあるべき和解運営の模索」判例タイムズ七〇四号二八頁・一九八九年）。その際、民訴学会の多数の諸先生と知り合うことができ、私の理論との遭遇に大きな契機となりました。

ワシントン大学のダニエル・フット助教授には、判例タイムズの和解技術論の翻訳をLAW IN JAPAN VOLUME24:138,1991誌上に発表する機会を与えていただき、カリフォルニア州のロー・クラークのピーター・スターン君には、和解技術論の翻訳「A Discussion of Compromise Techniques」に従事していただきました。両氏のおかげで、和解技術論が国境を越えることになりました。今後、和解技術論がどのように発展していくのか、国際化の著しい現代に生きる者として、興味と期待を感じています。

最後に、信山社の渡辺左近氏には何年もの間、変わらぬ励ましをいただきました。曲がりなりにも本書が日の目を見ることができましたのは氏のおかげであります。
これらの方方や名前は出していませんが私の力になっていただいたすべての方に深く感謝し、御礼申し上げます。

平成七年（一九九五年）一月二〇日

草野芳郎

**著者紹介——**

**草 野 芳 郎**（くさの・よしろう）

1946年　福岡県生まれ
1969年　九州大学法学部卒業
1971年　判事補任官，1981年判事任官
　　　　松江，横浜，福岡，宮崎，東京，小倉，さいたま等の各地裁で勤務
2002年　鹿児島地家裁所長
2003年　広島高裁判事（部総括）
2006年　学習院大学法学部兼法科大学院教授

**主要著作**

「和解技術論」判例タイムズ589号８頁
「和解手続において裁判官と当事者が果たすべき役割」竜嵜喜助先生還暦記念・紛争処理と正義（信山社）457頁
「訴訟上の和解についての裁判官の和解観の変遷とあるべき和解運営の模索」判例タイムズ704号28頁
「和解技術論と和解手続論」新堂幸司先生古稀祝賀・民事訴訟理論の新たな構築（上）（有斐閣）491頁
ロースクール交渉学（共著）白桃書房

**和解技術論〔第２版〕**　〈信山社　法学の泉〉

1995年（平成７年）５月10日　第１版第１刷発行
2003年（平成15年）６月20日　第２版第１刷発行
2008年（平成20年）８月10日　第２版第４刷発行

著　者　草　野　芳　郎
発行者　今　井　　　貴
　　　　渡　辺　左　近
発行所　信山社出版株式会社
〒113-0033　東京都文京区本郷6-2-9-102
TEL　03（3818）1019
FAX　03（3818）0344

Printed in Japan


印刷・製本／松澤印刷・渋谷文泉閣

ISBN 4-7972-2261-1　C3332

＊〝法学の泉〟シリーズ・刊行にあたって

〝泉〟　いま、人の心の中に、とくに若い人の心の中にある根本的な不安の一つは、地球の汚れと涸渇から人類の生存が危殆に瀕するというイメージだと思います。全世界五〇億人の生存状態はすぐに日本に住むわたしたちとわたしたちの子孫に少なからぬ影響を及ぼすほどに地球は狭くなっています。

地球を汚さぬ知恵、戦争を起こさない知恵、食糧を確保する知恵、社会システムを混乱させない知恵……。いずれもわたしたちの世代と子孫がこれからの人類全体とわたしたちの社会の生存を確実なものにするために日々の努力が期待されている課題です。

人類の活動の伏流水としての知恵の流れ。いま、わたしたちには、歴史の大きな転換点にいて、人類の知恵の湧き出し口たる知恵の〝泉〟、学問の〝泉〟に依って新たな世紀の構想を語り続ける覚悟が必要だと思います。

この〝泉〟シリーズでは、法学の永い歴史の底を流れる知恵の湧き出し口として、読み手に清新な知恵の息吹を、そして書き手のメッセージを明澄に伝えて行く手だてとして、読み手と書き手の新鮮なコミュニケーションのオアシスたらんことを願っています。

よろしくご支援下さい。

一九九四年　秋　　信山社